CRÉPUSCULE DES DIEUX

RICHARD WAGNER

CRÉPUSCULE DES DIEUX

Traduction française
avec indication des leitmotivs
par
Jean d'Arièges

Préface par
Marcel Doisy

GF-Flammarion

Dans la même collection

WAGNER,	*L'Or du Rhin* *La Walkyrie* *Siegfried* (éditions bilingues)
DA PONTE,	*Les Noces de Figaro* *Don Giovanni* *Così fan tutte* (éditions bilingues)

ISBN : 2-08-070823-6

CHRONOLOGIE

1813 : Naissance à Leipzig, le 22 mai.
Mort de Grétry. Naissance de Verdi. Création de *Tancrède, L'Italienne à Alger* (Rossini).
Chopin et Schumann sont nés trois ans plus tôt ; Liszt, deux ans plus tôt.

1814-1828 : Beethoven écrit sa *Neuvième,* sa *Missa Solemnis,* ses trois dernières *Sonates pour piano,* ses cinq ultimes *Quatuors* et la *Grande Fugue.* Schubert compose toutes ses Symphonies, ses grands « Quatuors » et ses deux « Quintettes », presque toute sa musique pour piano, ses cycles de *La Belle Meunière* et du *Voyage d'Hiver* et la quasi-totalité de ses lieder. Weber donne *Freischütz* à Berlin, *Euryanthe* à Vienne, *Obéron* à Londres.

1830-1831 : Etudes musicales à la Thomasschule et à l'université de Leipzig.
Créations : *Fra Diavolo* (Auber), *La Somnambule, La Norma* (Bellini), *Robert le Diable* (Meyerbeer), *Symphonie Fantastique* (Berlioz).

1833 : Compose *Les Fées.*
Naissance de Brahms, Borodine. Créations : *Hans Heiling* (Marschner), *Lucrezia Borgia* (Donizetti), *Symphonie Italienne* (Mendelssohn). Chopin publie ses Etudes (op. 10) et son premier *Concerto pour piano.*

1834 : Chef d'orchestre au théâtre de Magdebourg. Mort de Boieldieu. Créations : *Le Chalet* (Adam), *Harold en Italie* (Berlioz). Schumann écrit son *Carnaval.*

1836 : Achève *Das Liebesverbot* et épouse Minna Planer.
Naissance de Delibes. Créations : *Les Huguenots* (Meyerbeer), *Le Postillon de Longjumeau* (Adam), *Une vie pour le Tzar* (Glinka).

1837 : Chef d'orchestre au théâtre de Riga.
Naissance de Cosima Liszt. Création : *Tzar et Charpentier* (Lortzing). Chopin publie ses Etudes (opus 25).

1839-1840 : Séjour à Paris. Compose *Rienzi.*
Mort de Paganini. Naissance de Moussorgsky, Tchaïkovsky. Créations : *La Fille du Régiment, La Favorite* (Donizetti), *Un jour de Règne* (Verdi) ; *Roméo et Juliette* (Berlioz). Chopin publie ses 24 Préludes et sa *Sonate funèbre.* Schumann écrit les cycles *Vie et Amour d'une Femme* et *Amour de Poète.*

1841 : Compose *Le Vaisseau Fantôme.*
Naissance de Chabrier, Dvorak. Création : *Première Symphonie* (Schumann).

1842-1843 : Création de *Rienzi* et du *Vaisseau Fantôme* à Dresde.
Mort de Cherubini. Naissance de Massenet. Créations : *Nabucco* (Verdi), *Russlan et Ludmilla* (Glinka), *Don Pasquale* (Donizetti), *Symphonie Ecossaise* (Mendelssohn).

1844 : Représentations du *Vaisseau Fantôme* à Berlin et de *Rienzi* à Hambourg.
Naissance de Rimsky-Korsakoff. Création : *Ernani* (Verdi). Berlioz écrit son *Traité d'Instrumentation.*

1845 : Achève *Tannhäuser,* créé à Dresde le 19 octobre.
Naissance de Louis II de Bavière, Gabriel Fauré. Créations : *Undine* (Lortzing). Schumann achève son *Concerto pour piano.*

1848 : Achève *Lohengrin.* Commence une *Siegfrieds Tod* qui deviendra la Tétralogie de *L'Anneau du Nibelung.*
Mort de Donizetti. Naissance de Henri Duparc. Liszt à Weimar.

1849 : Prend une part active aux événements révolutionnaires de Dresde, se réfugie en Suisse, écrit *L'Art et la Révolution* et *L'Œuvre d'Art de l'Avenir.* Mort de Chopin. Créations : *Le Prophète* (Meyerbeer), *Les Joyeuses Commères de Windsor* (Nicolaï), *Luisa Miller* (Verdi).

1850 : Bordeaux, Paris, aventures sentimentales avec Jessie Laussot, création de *Lohengrin* à Weimar.

1851 : Ecrit *Opéra et Drame.*
Mort de Lortzing, Spontini. Naissance de Vincent d'Indy. Créations : *Rigoletto* (Verdi), *Sapho* (Gounod), *Symphonie Rhénane* (Schumann).

1852 : A Zurich, rencontre avec Otto et Mathilde Wesendonk. Ecrit les poèmes de *L'Anneau du Nibelung.*
Création : *Si j'étais roi* (Adam).

1854 : Compose *L'Or du Rhin* et entame la composition de *La Walkyrie.*
Naissance de Humperdinck, Janacek. Créations : *Halka* (Moniuszko). Liszt écrit sa *Sonate pour piano,* révèle à Weimar *Les Préludes, Orphée, Mazeppa* et achève sa *Faust-Symphonie.*

1856 : Termine la partition de *La Walkyrie* et commence celle de *Siegfried.*

Mort de Schumann. Création de *Manon Lescaut* (Auber).

1857 : S'installe à l'« Asyl » à Zurich, compose les cinq *Wesendonk-Lieder* sur des poèmes de Mathilde, écrit le poème et commence la composition de *Tristan et Isolde.*
Mort de Glinka. Créations : *Simon Boccanegra* (Verdi), *Dante-Symphonie* (Liszt). Mariage de Cosima Liszt et Hans von Bülow.

1858 : Quitte précipitamment Zurich pour l'Italie. Naissance de Puccini, Leoncavallo. Créations : *Orphée aux Enfers* (Offenbach). Berlioz écrit *Les Troyens.*

1859 : Achève la partition de *Tristan et Isolde.*
Créations : *Faust* (Gounod), *Un bal masqué* (Verdi).

1860 : Dirige des concerts de ses œuvres à Paris et à Bruxelles, bénéficie d'une amnistie partielle qui lui permet de revoir enfin l'Allemagne, remanie *Tannhäuser* pour Paris.
Naissance de Hugo Wolf, Mahler, Albeniz, Paderewsky.

1861 : Scandale de *Tannhäuser* à l'Opéra de Paris. Entend pour la première fois son *Lohengrin,* accueilli triomphalement à Vienne. Ecrit le poème des *Maîtres Chanteurs de Nuremberg.*
Pasdeloup fonde les Concerts Populaires à Paris.

1862-1863 : Dirige des concerts à Francfort, Leipzig, Vienne, Prague, Saint-Pétersbourg, Moscou, Budapest, mais les dettes s'accumulent.
Mort de Halévy. Naissance de Debussy. Créations : *Béatrice et Bénédict* (Berlioz), *La Force du Destin* (Verdi), *Les Pêcheurs de Perles* (Bizet). Anton Rubinstein fonde le Conservatoire de Saint-Pétersbourg.

1864 : Intervention providentielle de Louis II (qui vient de monter sur le trône de Bavière) dans la destinée de Wagner, qui se remet à la composition de *Siegfried.* Mort de Meyerbeer. Naissance de Richard Strauss. Créations : *Mireille* (Gounod), *La Belle Hélène* (Offenbach).

1865 : Création de *Tristan et Isolde* au Hoftheater de Munich. Commence à dicter *Ma Vie* à Cosima von Bülow. Ebauche de *Parsifal.* Départ de Munich à la suite de violentes cabales.
Naissance de Paul Dukas, Jean Sibelius. *L'Africaine* (Meyerbeer) triomphe à Paris et à Berlin.

1866 : Apprend dans le sud de la France la mort de sa femme, Minna, à Dresde. S'installe à Tribschen, près de Lucerne, où il est rejoint par Cosima. Travaille à la composition des *Maîtres Chanteurs.*
Naissance de Satie, Busoni. Créations : *Mignon* (Thomas), *La Fiancée vendue* (Smetana), *La Vie parisienne* (Offenbach).

1867 : Achève *Les Maîtres Chanteurs de Nuremberg.* Naissance de Granados, Kœchlin. Créations : *Don Carlos* (Verdi), *Roméo et Juliette* (Gounod), *La Grande-Duchesse de Gérolstein* (Offenbach), *Messe du Couronnement* (Liszt). Johann Strauss écrit *Le Beau Danube bleu.*

1868 : Création des *Maîtres Chanteurs* à Munich. Cosima rejoint définitivement Wagner à Tribschen. Mort de Rossini. Créations : *Mefistofele* (Boito), *Dalibor* et le cycle symphonique *Ma Patrie* (Smetana), *Un Requiem allemand* (Brahms), *Première Symphonie* (Bruckner).

1869 : Reprend la composition des actes II et III de *Siegfried.* Naissance de Siegfried Wagner, fils de Richard et Cosima. Création de *L'Or du Rhin* à

Munich, contre la volonté de Wagner, qui entame la composition du *Crépuscule des Dieux* et la rédaction de son essai *Sur l'Art de diriger.*
Mort de Berlioz. Naissance de Roussel, Pfitzner.
Créations : *Le Voïvode* (Tchaïkovsky), *Le Petit Faust* (Hervé).

1870 : Création de *La Walkyrie* à Munich, contre le gré de Wagner. Divorce de Cosima et Hans von Bülow, et mariage de Cosima et Wagner. Ecrit la *Siegfried-Idyll.*
Naissance de Guillaume Lekeu, Lehar, Florent Schmitt. Création : *Coppélia* (Delibes).

1871 : Visite Bayreuth et décide d'y édifier son Festspielhaus.
Mort de Auber. Création : *Aïda* (Verdi).

1872 : Pose de la première pierre du Festspielhaus, puis exécution solennelle de la *Neuvième* de Beethoven.
Naissance de Scriabine. Créations : *La Fille de Mme Angot* (Lecocq), *L'Arlésienne* (Bizet).

1874 : Achève la partition du *Crépuscule des Dieux.*
Naissance d'Arnold Schoenberg. Créations : *Boris Godounov* (Moussorgsky), *La Chauve-Souris* (Johann Strauss).

1875 : Premières répétitions de *L'Anneau du Nibelung* à Bayreuth, en juillet-août.
Mort de Bizet peu après la création de *Carmen.* Naissance de Ravel.

1876 : Inauguration du Festspielhaus de Bayreuth par les trois premières exécutions intégrales de *L'Anneau du Nibelung.*
Naissance de Manuel de Falla. Créations : *La Gioconda* (Ponchielli). Grieg écrit *Peer Gynt* et Brahms sa *Première Symphonie.*

1877 : Ecrit le poème de *Parsifal.* Dirige huit concerts à Londres, pour combler partiellement le déficit entraîné par les représentations du *Ring* à Bayreuth. Créations : *Samson et Dalila* (Saint-Saëns), *Les Cloches de Corneville* (Planquette), *Deuxième Symphonie* (Brahms), *Troisième Symphonie* (Bruckner), *Quatrième Symphonie* (Tchaïkovsky).

1880 : Ecrit *Religion et Art.*
Mort d'Offenbach. Créations : *Nuit de Mai* (Rimsky-Korsakoff), *La Mascotte* (Audran).

1881 : Composition de *Parsifal* et voyages en Italie. Mort de Moussorgsky. Naissance de Bartok et Enesco. Créations : *Hérodiade* (Massenet), *Libuse* (Smetana), *Les Contes d'Hoffmann* (Offenbach). Fondation des Concerts Lamoureux à Paris.

1882 : Création de *Parsifal* à Bayreuth.
Naissance de Stravinsky et Kodaly. Créations : *Concerto pour piano n° 2* (Brahms), *Namouna* (Lalo).

1883 : Mort à Venise, le 13 février. Transfert de la dépouille mortelle à Bayreuth et inhumation dans le jardin de la villa « Wahnfried ».
Mort de Flotow. Naissance de Anton Webern et Alfredo Casella. Créations : *Lakmé* (Delibes), *Troisième Symphonie* (Brahms), *Le Chasseur maudit* (Franck). Bruckner achève sa *Septième Symphonie.*

PRÉFACE

Avec *le Crépuscule des Dieux*, nous voici parvenus au tragique dénouement, mais aussi à l'apothéose de *la Tétralogie*. C'en est sans doute l'épisode le plus sombre et le plus violent, et pourtant, la catastrophe finale s'y muera en une sérénité supérieure enfin reconquise.

Tout ce que le dramaturge et le musicien ont tissé tout au long de *l'Or du Rhin*, de *la Walkyrie* et de *Siegfried*, converge ici en une puissante progression dramatique pour aboutir à la mort de Siegfried, à l'immolation de Brünnhilde et à l'anéantissement du Walhall, mais cette conclusion qui pourrait être effroyable, a le sens d'une rédemption, d'une victoire de l'amour sur la cupidité et l'ambition.

Tous les conflits qui forment la trame de *l'Anneau du Nibelung* étaient nés du rapt de l'Or par le nain Alberich au premier tableau de *l'Or du Rhin*. Cet or maudit, Brünnhilde le rendra enfin aux Filles du Rhin avant de monter au bûcher. Le ressort essentiel de la tragédie avait été la volonté de puissance de Wotan, mais, dès la fin de *Siegfried*, le Roi des Dieux a accepté le renoncement et c'est librement qu'il périra dans les flammes du Walhall. Les deux héros de l'œuvre, Siegfried et Brünnhilde auront longtemps erré avant de rejoindre leur destin, mais c'est dans la lumière d'une suprême conscience qu'ils y mettront le point final.

Après le réveil de Brünnhilde, le dernier acte de

Siegfried s'était achevé dans la tendresse des deux protagonistes, sur un chant d'amour exalté que rien ne semblait pouvoir troubler. Mais cet amour demeurait humain, exposé à l'erreur et aux faiblesses. Brünnhilde avait abdiqué sa divinité. Elle n'était plus qu'une femme et, en lui passant au doigt l'anneau dont il ignorait la malédiction, Siegfried l'a liée plus encore au destin humain qui est le sien. Aussi, malgré les supplications de sa sœur Waltraute, elle refusera tout d'abord de rendre aux Filles du Rhin ce qui, pour elle, n'est qu'un gage d'amour. Symboliquement, c'est sans doute, aux yeux de Wagner, le refus de se libérer de toute matérialité.

Cet aveuglement est la cause initiale de toute la tragédie qui va se déchaîner au cours de cette dernière « journée » du *Ring*.

Au Prologue du *Crépuscule des Dieux*, nous nous retrouvons dans le même décor qu'à la fin de *Siegfried*, le rocher entouré de flammes où le baiser du héros a ranimé la jeune Walkyrie. Il semblerait presque que ce tableau ne fasse que poursuivre ce grand duo d'amour, si, tout d'abord, nous n'assistions à la scène nocturne des trois Nornes, sombres déesses qui sont à la mythologie nordique ce que les Parques étaient pour l'antiquité grecque. Elles tissent dans l'ombre le destin des humains. L'une d'elles revit le passé, la deuxième voit le présent, la troisième lit l'avenir. Or, tandis qu'elles évoquent la tragédie de l'Or, l'un des fils se rompt. La malédiction d'Alberich vient de briser une destinée. Les Nornes perdent soudain leur clairvoyance et disparaissent dans les profondeurs de la terre.

Lentement, le jour se lève sur un admirable interlude orchestral et nous découvrons Brünnhilde et Siegfried.

Celui-ci va repartir vers de nouveaux exploits. En gage de fidélité, avant de quitter Brünnhilde, il lui passe au doigt l'anneau maudit, puis il s'élance vers l'inconnu.

Le lyrisme heureux de cette scène sera bientôt démenti. Dès le premier tableau du premier acte, la fatalité va peser sur la destinée de Siegfried. Ce premier tableau nous mène dans le Château de Gunther, roi des Gibichungen. Trois nouveaux personnages nous apparaissent : Gunther, sa sœur Gutrune et son demi-frère Hagen qui, en vérité, est le fils du nain Alberich et dont tous les actes vont être dictés par l'ambition de son père : la reconquête de l'Or que Wotan lui avait ravi autrefois.

Hagen connaît le destin de Siegfried et l'amour qui le lie à Brünnhilde, mais il s'abstient volontairement d'y faire allusion. Tout au contraire, sous le prétexte de consolider la dynastie des Gibichungen, il va pousser Gunther à rechercher l'alliance du jeune héros. Un breuvage magique lui fera oublier celle qui fut la Walkyrie et suscitera en lui une nouvelle passion pour Gutrune dont il deviendra l'époux. Grâce à Siegfried enfin, Gunther pourra s'emparer de Brünnhilde. Tel est le plan de Hagen, mais son véritable but est de parvenir ainsi à reprendre l'Anneau.

Au loin, sur le Rhin, retentit l'appel du cor de Siegfried dont l'embarcation accoste bientôt au rivage. Il offre à Gunther, à son choix, son amitié ou le combat. Gunther l'accueille en ami et, peu à peu, le plan de Hagen va se réaliser. Sous l'influence du breuvage magique, Siegfried s'engage, en échange de la main de Gutrune, à conquérir Brünnhilde pour Gunther. Il a oublié sa propre conquête et son amour, et il va se faire passer pour Gunther grâce au heaume magique qu'il a pris au Dragon Fafner. Le tableau s'achève sur le serment d'alliance que se font les deux hommes, puis sur le « Wachtgesang », le sinistre chant de Hagen demeuré seul pour veiller sur le Burg, sombre et grandiose soliloque où Hagen clame farouchement sa volonté de reconquérir l'Anneau.

Un très bel interlude d'orchestre nous ramène au rocher où Brünnhilde attend, solitaire, le retour de Siegfried. Elle entend soudain un galop, mais c'est sa sœur Waltraute, l'une des Walkyries. Celle-ci, malgré l'interdiction de Wotan, est venue conjurer sa sœur de sauver le Walhall de l'anéantissement qui le menace. En effet, depuis le jour où le glaive de Siegfried a brisé sa lance, Wotan trône, immobile et silencieux, sourd à toutes les prières, attendant sa fin, les tronçons de son arme au poing. Une seule fois, ému par l'insistance de Waltraute, il a laissé échapper un aveu. Si Brünnhilde rendait l'anneau maudit aux Filles du Rhin, les dieux et le monde seraient sauvés. C'est pour cela que Waltraute vient supplier sa sœur aujourd'hui.

Mais Brünnhilde n'est plus la fière Walkyrie d'autrefois. Elle est une femme dominée par son amour et qui se révolte à l'idée de sacrifier l'anneau que Siegfried lui a donné en gage de leur union. Peu lui importe que le Walhall soit anéanti, jamais elle n'abandonnera cet anneau. Désespérée, Waltraute s'enfuit dans la nuit.

A ce moment, précisément, retentit le cor de Siegfried. Brünnhilde se précipite, mais se trouve soudain en face d'un guerrier inconnu. C'est pourtant Siegfried lui-même, mais qui, sous l'influence du philtre de Hagen et ayant emprunté les traits de Gunther, a traversé une nouvelle fois le cercle de feu et qui, ayant oublié le passé, parvient à s'emparer de Brünnhilde pour la livrer à Gunther.

Derrière les détails de l'affabulation, le symbole est perceptible. Siegfried, malgré la pureté de ses instincts, s'enserre déjà dans le réseau de ses actes. Malgré son bonheur, il n'a pu renoncer à la fascination de l'aventure. Pour Gutrune, beauté transitoire de l'illusion, il oublie inconsciemment la beauté idéale qu'incarne Brünnhilde. Pour un plaisir trompeur, il subordonne l'éternel au temporel, ainsi que fait l'homme. Mais ses actes l'enchaînent. Autour de lui, les forces mauvaises personnifiées par Hagen, se resserrent. En vérité, dans l'ivresse d'une victoire fallacieuse, Siegfried marche vers sa perte.

Au fur et à mesure que nous avançons vers le dénouement tragique de *la Tétralogie*, le langage musical s'enrichit de tous les thèmes conducteurs nés au cours de l'action et qui reviennent, sous de multiples métamorphoses, dans la texture de la partition pour éclairer les dessous psychologiques du drame, pour prolonger le sens de ses symboles, par leur pouvoir évocateur, par tout ce que ces thèmes constamment renouvelés par l'écriture, expriment intuitivement. Très souvent, le commentaire musical éclaire une action qui pourrait sembler confuse et c'est avant tout la magnificence du langage sonore qui soulignera la grandiose progression dramatique des derniers tableaux.

Le deuxième acte du *Crépuscule des Dieux* s'ouvre par une vision étrangement impressionnante. Nous sommes devant les portes du Château de Gunther, dominant les rives du Rhin. C'est la nuit et Hagen, immobile et en armes, est adossé au portail. Il semble dormir mais son regard fixe le lointain. A ses pieds, Alberich, son père, lui rappelle à voix basse son serment. C'est une scène saisissante, ponctuée lugubrement par l'insistance obstinée d'Alberich : « Hagen, mein Sohn, schläfst du ? » (« Hagen, mon fils, dors-tu ? »)

L'anneau est demeuré aux mains de Siegfried qui l'a arraché à Brünnhilde au cours de la lutte. Mais Siegfried qui ignore la puissance de l'Or et qui d'ailleurs la mépriserait, échappe du fait même à sa malédiction. Il faut donc ruser, tâcher d'obtenir l'aide de Brünnhilde elle-même contre Siegfried, pour enfin le perdre. C'est à cela que Hagen va s'employer implacablement.

Le jour se lève tandis qu'Alberich disparaît dans la pénombre et bientôt Hagen va annoncer le retour du Roi et de sa suite. A son de trompe, il rassemble les vassaux de son frère et c'est dans un tumulte triomphal que les protagonistes vont rentrer en scène. Mais, soudain Brünnhilde se retrouve face à face avec Siegfried qui a repris son véritable visage et qui ne la reconnaît pas. Plus encore, elle aperçoit l'Anneau à son doigt, cet anneau qui lui a été arraché par le guerrier inconnu. Avec violence, elle se redresse alors et exige de savoir comment cet anneau est, à présent, dans les mains de Siegfried. Gunther ne sait que répondre. Quant à Siegfried, il ne se souvient que de sa lutte avec le Dragon à qui il l'a pris. L'émotion est à son comble et Hagen l'accroît encore en accusant Siegfried de fourberie et de trahison, puisque Brünnhilde affirme s'être donnée à lui.

Les vassaux et les guerriers somment alors Siegfried d'attester sous la foi du serment qu'il n'a pas failli à la parole donnée et qu'il a respecté en Brünnhilde l'épouse promise à Gunther. Sur l'arme que lui présente Hagen, Siegfried répète son serment : « Qu'il périsse par cette arme s'il y a failli. » Il ignore que c'est cette arme, en effet, qui le frappera bientôt. Mais Brünnhilde, à son tour, en une scène d'une extrême véhémence, appelle la vengeance sur lui. Siegfried, toujours sous l'emprise du breuvage magique, ne comprend pas son attitude et s'éloigne, insouciant, au bras de sa fiancée Gutrune.

Brünnhilde demeurée seule, Hagen s'approche d'elle et lui offre de la venger.

Toutefois, outre qu'en un combat loyal, Siegfried est

invincible, Hagen sait aussi que son corps est invulnérable. C'est alors que Brünnhilde lui révèle qu'un seul endroit de son corps peut être mortellement atteint : dans le dos, entre les épaules. Désormais, Hagen est sûr de sa victoire. Tout d'abord, il va s'efforcer d'obtenir l'appui de Gunther, mais celui-ci est un curieux personnage de velléitaire, toujours partagé entre des élans contradictoires. Il hésite, refuse d'abord de se prêter à ce meurtre, puis finalement s'incline. Quant à Brünnhilde, en aidant Hagen, c'est à la fois de Siegfried qui l'a trahie et de Gutrune qui lui a pris son amant, qu'elle se vengera.

Alors que le complot s'ourdit, le cortège nuptial de Gutrune et de Siegfried paraît, et, tandis que Hagen invoque l'aide de son père Alberich pour mener son entreprise à bien, Gunther contraint Brünnhilde à le suivre. Le rideau tombe à cet instant d'extrême tension dramatique, dernière étape avant la tragédie finale.

Paradoxalement, le troisième acte du *Crépuscule des Dieux* qui va être l'apothéose tragique de *la Tétralogie* et aussi l'une des pages les plus bouleversantes de toute la dramaturgie wagnérienne, ce troisième acte s'ouvre par un tableau presque idyllique : un paysage agreste au bord du Rhin où évoluent les ondines et où paraît, un instant plus tard, Siegfried, égaré au cours d'une chasse.

Le dialogue s'engage. Les Filles du Rhin voudraient persuader Siegfried de leur restituer l'anneau d'or qu'il porte au doigt. Un instant, il hésitera, mais les ondines commettent la maladresse de lui prédire le sort tragique qui l'attend, les dangers qu'entraînent pour qui le possède, la malédiction de l'or. Mais jamais le héros qui ignore la peur ne reculera devant le danger. Il n'attache guère de prix à cet anneau mais refuse de céder à la menace. Devant son obstination, les Filles du Rhin se résignent et disparaissent dans le fleuve.

Sur ces entrefaites, des fanfares de chasse retentissent et se rapprochent. C'est Gunther, Hagen et leur suite qui ont retrouvé la trace de Siegfried. Pendant que les serviteurs préparent le repas, celui-ci raconte avec insouciance que les Filles du Rhin lui ont prédit sa mort pour le jour même. Gunther se trouble, mais Hagen, gardant tout son sang-froid, invite Siegfried à raconter ses aventures d'autrefois, sa victoire sur le dragon, ses dialogues avec l'oiseau des forêts.

Pendant ce récit, il lui tend un breuvage qui doit réveiller ses souvenirs endormis, et Siegfried, sans même s'en rendre compte, poursuit sa narration en évoquant le réveil et la conquête de Brünnhilde, ce qui, pour Gunther, semble la confirmation éclatante de sa trahison. A cet instant, deux corbeaux passent dans les airs, Siegfried se retourne et Hagen qui guettait cet instant, lui enfonce sa lance entre les épaules, au seul endroit vulnérable de son corps. Siegfried, frappé à mort, s'effondre, mais, avant d'expirer, il adressera encore un suprême adieu à Brünnhilde qu'il n'a pas conscience d'avoir trahie.

Le destin de Siegfried s'achève, mais non pas encore la tragédie, car, sous la plume de Wagner, cette mort prend alors les proportions d'une sombre et bouleversante apothéose, dans la poignante marche funèbre qui constitue le sommet musical de la partition. Nul n'a mieux défini cette page extraordinaire que Camille Mauclair : « une des plus formidables explosions de douleur et de gloire, un des plus prodigieux écroulements de souvenirs héroïques, d'appels séculaires et de fureurs désespérées, que le génie humain ait jamais conçus à travers les âges ».

De fait, en aucune page peut-être, *la Tétralogie* ne révèle avec autant de puissance expressive, l'essentiel de sa substance, comme en un faisceau de thèmes évoquant une dernière fois les éléments majeurs du conflit. Ce sont d'abord les coups fatidiques frappés par les cordes graves et les timbales, puis la solennité des cors et des trompettes s'élevant dans l'ample phrase du destin de la race dont Siegfried est issu, s'enchaînant bientôt avec le thème d'héroïsme qui, déjà, accompagnait Siegmund. Puis, tandis que les hautbois rappellent la belle phrase de tendresse de Sieglinde, les coups du destin s'amplifient jusqu'à un tutti formidable où éclate véritablement le grand thème triomphal et tragique du destin de Siegfried, ce thème orgueilleux et magnifique qui est peut-être le plus significatif de toute la partition. Une dernière fois, la trompette dessinera un rappel du thème de l'épée, suivi des accents du cor de Siegfried. La phrase d'amour de Brünnhilde, chantée par la voix élégiaque du cor anglais, ramènera peu à peu l'apaisement, puis, après un bref rappel de la malédiction d'Alberich, cette page extraordinaire se dissoudra dans un decrescendo poignant qui forme la transition entre la mort de Siegfried et le dernier tableau.

Il fallait tout le génie de Wagner pour parvenir, après cette fresque funèbre, à porter son drame plus haut encore, jusqu'à l'apothéose que nous connaissons sous le nom d'Immolation de Brünnhilde.

Ce dernier tableau s'ouvre sur l'attente inquiète de Gutrune et l'arrivée du cortège funèbre. L'action, dès lors, se précipite. Gutrune, tout d'abord, accuse son frère. Gunther, velléitaire une fois de plus, dénonce le crime de Hagen qui, loin de s'en disculper, réclame pour prix de son acte l'anneau qui brille au doigt de Siegfried. Gunther le lui refuse. Les deux frères se battent et Gunther tombe, frappé à mort. Hagen croit l'heure du triomphe enfin arrivée et se précipite pour arracher l'anneau de la main du mort, mais cette main se dresse, menaçante. L'épouvante est à son comble, lorsque paraît Brünnhilde, calme et majestueuse, imposant silence à tous. Elle a enfin compris le drame dont elle et Siegfried ont été les victimes, et c'est à elle, à elle seule, qu'il appartient de rendre les derniers honneurs au héros.

En une page d'une saisissante solennité mais aussi d'une humanité bouleversante, elle ordonne aux vassaux de dresser au bord du fleuve un immense bûcher et d'y transporter le corps de Siegfried. Toutes les étapes douloureuses qu'elle a dû franchir pour prendre conscience de son destin, repassent devant son esprit, mais, à présent, tout est accompli, et elle ordonne aux deux corbeaux qui tournoient autour d'elle d'aller porter à Wotan son ultime message, l'annonce que le crépuscule des dieux est venu. De sa torche, elle allume elle-même le bûcher et s'y précipite après avoir enfin jeté aux Filles du Rhin l'anneau maudit.

Hagen qui a suivi fiévreusement toute cette scène, s'élance vers le fleuve pour le reprendre, mais il est entraîné dans l'abîme par les ondines. L'incendie gagne tout l'horizon et l'on voit le Walhall s'anéantir dans les flammes.

Mais au terme de ce drame surhumain et de ces visions grandioses, le sommet où Wagner a porté sa partition, va se résorber en une enveloppante phrase d'amour, car c'est enfin l'amour qui sort victorieux de ce combat entre la volonté de puissance et l'héroïsme, et, aux dernières mesures de cette œuvre tumultueuse, la musique ira mourir doucement, aux confins du silence, dans la sérénité et la paix retrouvées.

Ainsi s'achève *la Tétralogie*, cette œuvre prodigieuse et démesurée à laquelle Richard Wagner avait travaillé pendant un quart de siècle et qui demeure un des sommets de la dramaturgie musicale de tous les temps.

Comme pour *Tristan* ou *Lohengrin*, la matière légendaire dont a usé le poète est bien peu de chose auprès de tout ce qu'il y a incorporé de pensée personnelle.

Malgré l'intense poésie primitive qui imprègne l'*Edda* scandinave et surtout la *Völsunga saga* dont s'est largement inspiré Wagner, malgré la sauvage et farouche beauté du *Nibelungenlied* et du *Nibelungennot* que les trouvères germaniques se sont répétés durant des siècles, rien en eux n'atteignait à la puissance, à la complexité et surtout à l'humanité de l'œuvre wagnérienne.

Ni Fouqué, ni Jordan, ni même Hebbel dans sa massive trilogie, n'ont engendré pareille somme de vivante beauté. C'est que sans doute, c'étaient là des conteurs ou des adaptateurs, voire même de grands tragiques comme c'est le cas de Hebbel, mais non point des poètes se délivrant dans la création artistique de ce qui bouillonnait en eux. Car Wotan et Siegfried sont avant tout l'incarnation des aspirations divergentes de Wagner. Leur expérience douloureuse est la sienne. Ce conflit des ténèbres et de la lumière, c'est le sien, transposé dans la fiction poétique.

Wotan, c'est lui-même avec ses désirs démesurés, avec sa volonté contradictoire de puissance et d'amour toujours inassouvie. Quelle image plus vraie donner de son état d'âme au seuil de la vieillesse, que celle de ce voyageur errant et méditatif, parcourant le monde et cherchant obscurément le sens de la vie ? Mais aussi, tout à l'opposé, quelle autre image de sa force spontanée, indomptable, et de ses élans instinctifs, pourrait nous être offerte, que celle de Siegfried ? Car, ainsi que l'a noté si justement Jean-Edouard Spenlé, « le miracle est qu'il réalisait ces deux types fondus en un seul — Wotan et Siegfried — par la constante union d'une réflexion profonde et d'une spontanéité jaillissante ».

Wotan, c'est une fois de plus la dualité de l'homme, mais dans un tout autre sens que dans *Tannhäuser*, et avec une signification infiniment plus large. Wotan, c'est pour Wagner, l'épreuve cruciale qu'il lui faut subir avant d'entrer dans le réel. Ses héros, jusqu'alors, qu'ils s'appellent Lohengrin ou Tristan, le Hollandais ou Tannhäuser, n'avaient été, comme lui-même, que des amants du rêve, que la réalité écrasait. En Wotan s'achève cette lente métamorphose qui lui fera pénétrer la beauté et la richesse de la vie vraie. Sans doute un renoncement est exigé de Wotan, mais en revanche, Siegfried nous montre un exaltant potentiel de vie. Sans doute aussi faut-il noter avec Romain Rolland que « le *Ring* ne souffle pas l'esprit de renoncement et de sacrifice comme *Parsifal*. Le renoncement et le sacrifice y sont seulement exprimés ». C'est là précisément un des éléments qui marquent la continuité de la pensée wagnérienne, de son évolution spirituelle. Siegfried qui a vécu selon de purs instincts l'emporte sur Wotan, mais succombe à son tour aux conséquences de ses actes, inconsciemment ou aveuglément posés. Le poète est descendu dans le réel mais ne l'a pas encore conquis. Hans Sachs, dans la fresque des *Maîtres Chanteurs*, y vivra, mais non sans amertume. C'est à Parsifal qu'il appartient de clore cette évolution par l'union du pur instinct et d'une sérénité lucide durement acquise.

Avec ce quatrième volume, Jean d'Arièges met le point final à sa belle et fidèle traduction de *l'Anneau du Nibelung*. C'était une entreprise immense dans laquelle le moindre détail importait. Il l'a menée à bien avec une rigueur et une pénétration auxquelles on ne saurait trop rendre hommage. Ce qui est bien plus important encore, c'est que cette réalisation vient combler une lacune grave de la bibliographie wagnérienne. Faut-il le rappeler encore alors que c'est l'évidence ? Le traducteur d'un opéra est strictement lié aux impératifs de l'écriture musicale. Sous peine de faire violence à la partition, il doit tenir compte du rythme, des accents, de la longueur des sonorités, et même des respirations des chanteurs. Quelle que soit sa compétence, quelle que soit sa volonté d'être fidèle au texte et à ses intentions, il lui est absolument impossible de donner au lecteur l'exact équivalent des intentions du texte original. A cet égard, je me souviens d'une confidence de mon vieil ami Gustave Samazeuilh qui était un traducteur remarquable et un musicien raffiné, et qui, pour transposer en français le *Capriccio* de Richard Strauss, était amené, dans certains passages de vivacité, à tripler le nombre de syllabes.

L'adaptateur qui travaille en fonction de la scène, est d'abord le serviteur de la partition et il doit accepter les servitudes du chant, au risque de s'éloigner du texte original. Et c'est pourquoi, Alfred Ernst qui fut l'un des meilleurs traducteurs des œuvres de Wagner, disait en toute modestie que « la solution exacte est radicalement irréalisable ». J'ajouterai que, personnellement, toute traduction chantée de Wagner en une langue latine (le français ou l'italien, par exemple), me paraît intolérable parce que précisément l'on fait violence à une conception verbale et musicale, issue indissociablement du même créateur. Wagner pensait ses textes en fonction de leur prolongement musical, il pensait sa musique en fonction des vers qu'il avait portés en lui.

Il n'en reste pas moins que les drames wagnériens, et *la Tétralogie* plus que tout autre, sont des œuvres dramatiques avant d'être des œuvres musicales, et que leur plénitude n'est concevable que dans l'union intime du texte poétique et de l'écriture musicale, leur synthèse étant replacée dans le contexte architectural, pictural et plastique d'une représentation. Dès lors, les partitions de Wagner ne pouvant se concevoir hors de la pensée qui les a engendrées et du texte qui les soutient, nous nous trouvons dans un cas où la connaissance de ce texte est irremplaçable. Peu nous importent les traductions boiteuses et approximatives du *Trouvère* ou de *Lucie de Lammermoor*. Il ne s'agissait là que de protéger les exigences du bel canto. Mais nous voulons pouvoir lire *la Tétralogie* comme nous lisons le *Faust* de Goethe, et là, un divorce est nécessaire entre les lettrés également probes qui traduisent en fonction du chant et ceux qui traduisent en fonction de la lecture.

C'est cela qui est essentiel dans la réalisation de Jean d'Arièges, germaniste, musicologue, wagnérien de longue date, il s'est trouvé libéré de toutes les servitudes de la scène et du chant, mais soumis à la plus rigoureuse fidélité au texte original. Là où la transposition le lui permettait, il a naturellement conservé la beauté littéraire de l'original dans la mesure où la langue française pouvait correspondre à la langue allemande, mais s'il lui était imposé de choisir il a toujours opté pour l'exactitude plutôt que pour l'effet verbal.

Une telle traduction nous manquait cruellement et l'achèvement de cette édition audacieuse apporte aux musicologues, aux mélomanes, aux étudiants, disons simplement à tous ceux que passionnent les grandes formes d'art dramatique, un instrument irremplaçable et digne d'une confiance absolue.

A cette réalisation considérable, le traducteur et les

éditeurs ont voulu ajouter un complément inusité qui n'existe pas pour Goethe ou Shelley, mais qui, en toute logique, s'impose dans le cas d'un drame musical : le rappel des thèmes conducteurs qui sont la substance même de l'écriture wagnérienne et qui sont inséparables des intentions du dramaturge, et l'indication discrète de leurs apparitions au fur et à mesure de l'évolution du drame. Il suffit de notions élémentaires de solfège pour les lire et la plupart d'entre eux sont dans toutes les mémoires. En revanche, cette indication discrète rend justice à la conception à la fois littéraire, dramatique et musicale dont le drame wagnérien donne un exemple d'une unité qui n'avait jamais été atteinte et n'a plus jamais été égalée.

MARCEL DOISY.

INDICATIONS BIBLIOGRAPHIQUES

Ouvrages généraux :

Crépuscule des dieux, 1978 et 1993. L'Avant-Scène Opéra, éditions Premières Loges, Paris, 1992.

Guide des opéras de Wagner. Ouvrage collectif sous la direction de M. Pazdro, Fayard, Paris, 1988.

Charles OSBORNE, *The World Theatre of Wagner,* Phaidon, Oxford, 1982.

Essais et ouvrages critiques :

Theodor W. ADORNO, *Essai sur Wagner,* Gallimard, Paris, 1979.

Henri BARTH, Dietrich MACK et Egon VOSS, *Wagner : étude documentaire* (préface de Pierre Boulez), Gallimard, Paris, 1976.

Jean BARTHOLONI, *Wagner et le recul du temps,* Albin Michel, Paris.

Georg Oswald BAUER, *R. Wagner, Opéras de la création à nos jours,* Office du Livre, Vilo, Paris, 1983.

Marcel BEAUFILS, *Wagner et le wagnérisme,* coll. « Les Grands Opéras », Aubier-Montaigne, Paris, 1980 (2e édition).

Pierre BOULEZ, *Points de repères,* Bourgois, Paris, 1981.

Pierre BOULEZ, P. CHÉREAU, R. PEDUZZI, J. SCHMIDT, *Histoire d'un Ring,* Bayreuth 1976-1980, Diapason-Laffont, Paris, 1980.

Elizabeth BOUILLON, *Le Ring à Bayreuth : la Tétralogie du Centenaire,* Fayard, Paris, 1980.

Houston Stewart CHAMBERLAIN, *Richard Wagner,* Perrin, Paris, 1894.

Le Drame wagnérien, Perrin, Paris, 1894.

André CŒUROY, *Wagner et l'Esprit romantique,* N.R.F., Gallimard, Paris.

Marcel DOISY, *L'Œuvre de Wagner,* Les Lettres latines, Paris.

René DUMESNIL, *Richard Wagner,* Plon, Paris.

Alfred ERNST, *L'Art de Richard Wagner,* Paris, 1893.

Richard Wagner et le Drame contemporain, Paris, 1887.

Dietrich FISCHER-DIESKAU, *Wagner et Nietszche, l'initiateur et son apostat,* Van de Velde, Paris, 1979.

Martin GREOR-DELLIN, *Richard Wagner : sa vie, son œuvre, son siècle,* trad. de l'allemand par Odile Demange, J.-J. Becquet, Elizabeth Bouillon, Pierre Cadiot, Fayard, Paris, 1991.

G. GRODDECK, « L'Anneau », in *La Maladie, l'art et le symbole,* Gallimard, Paris, 1969.

Michel GUIOMAR, *Imaginaire et Utopie. I. Wagner,* J. Corti, Paris, 1976.

Maurice KUFFERATH : une série de monographies précieuses consacrées à chacun des grands drames musicaux de Wagner (chez Fischbacher, à Paris, Schott, à Bruxelles, au début du siècle).

Albert LAVIGNAC, *Le Voyage artistique à Bayreuth* : biographie, analyses détaillées des théories et des œuvres, historique des festivals de Bayreuth, etc., Delagrave, Paris, 1894. Rééd. Stock-Musique, 1980.

Claude LÉVI-STRAUSS, *Mythologiques I. Le Cru et le cuit,* Plon, Paris, 1964.

Henri MALHERBE, *Richard Wagner, Révolutionnaire,* Albin Michel, Paris.

Thomas MANN, *Souffrances et grandeur de Richard Wagner,* Fayard, Paris, 1975.

Wagner et notre temps, Hachette-Pluriel, Paris, 1977.

Jean MISTLER, *A Bayreuth avec Richard Wagner,* Hachette, Paris, 1960.

Jean-Jacques NATTIEZ, *Tétralogies (Wagner, Boulez, Chéreau),* Bourgois, Paris, 1983.

Wagner androgyne, Bourgois, Paris, 1990.

Friedrich NIETZSCHE, *Ecce Homo. Nietzsche contre Wagner,* traduction et édition d'Eric Blondel, GF-Flammarion, Paris, 1993.

Le Cas Wagner. Nietzsche contre Wagner. Textes et variantes édités par Giorgio Colli et Mazzino Montinari ; trad. de l'allemand par Jean-Claude Hémery, Gallimard, Paris, 1990.

Guy de POURTALÈS, *Wagner : histoire d'un artiste,* Gallimard, Paris, 1932, rééd. 1980.

Zdenko von KRAFT, *Wagner,* Buchet-Chastel, Corrêa.

Marcel SCHNEIDER, *Wagner,* éd. du Seuil, Paris, 1960.

Edouard SCHURÉ, *Le Drame musical,* Paris, 1875.

Bernard SHAW, *Le Parfait wagnérien,* traduit de l'anglais par Hamon, Aubier, Paris, 1933, fac-similé Ed. d'Aujourd'hui, 1975.

Otto STROBEL, *Richard Wagner, eine Zeittagel (Verlag der Festspielleitung, Bayreuth).* La vie et l'œuvre de Wagner en tableaux chronologiques exhaustifs.

Cosima WAGNER, *Journal,* Gallimard, Paris, 1977-1979 (4 vol.).

Wagner par Wagner :

Œuvres en prose de Richard Wagner, traduites par J.-G. Prod'homme, en 13 volumes publiés par Delagrave, de 1907 à 1924. Reprint dans la série « Les Introuvables », Editions d'Aujourd'hui, 1976.

Mein Leben (Ma Vie), traduction française par Valentin, en 3 volumes, Plon, Paris, 1912.

Correspondance :

Sämltliche Briefe, édition établie par G. Strobel, W. Wolf, H.J. Bauer, J. Forner, Leipzig, 1967 (en cours).

Correspondance avec Hans von Bülow (traduction Knopff-Crès), 1928.

Correspondance avec Minna (traduction M. Rémon), Gallimard, Paris, 1943.

Correspondance Richard Wagner-Franz Liszt, traduction de L. Schmidt et J. Lacant, Gallimard, Paris, 1943.

Correspondance avec Louis II de Bavière (traduction Blandine Ollivier), Plon, Paris, 1960.

J. TIERSOT, *Lettres françaises de R. Wagner,* Paris, 1935.

VORBEMERKUNG

Die Herausgabe *Götterdämmerungs*, die wir hier überreichen, hat als sehr wichtiges Charakteristikum das Besondere, dass es am Schluss des Bandes eine Aufstellung aller Leitmotive bringt, deren Kenntnis unerlässlich ist für den der den ehrlichen Wunsch hat, sein Verständnis für die Wagnersche Sendung zu vertiefen.

Die Ziffern am Rand des deutschen Textes und dessen Übersetzung ins Französische verweisen auf die Tafel der Leitmotive : man kann sie bei jedem Auftreten also leicht bestimmen.

Hinter der obengenannten Aufstellung findet man ebenso die vollständige musikalische Wiedergabe aller Leitmotive, welche in der Partitur *Götterdämmerungs* auftreten.

NOTE AU LECTEUR

L'édition du *Crépuscule des Dieux* que nous présentons a pour caractéristique très importante de comporter, en fin de volume, le répertoire de tous les leitmotivs dont la connaissance est indispensable à quiconque veut réellement approfondir sa compréhension du message wagnérien.

Les numéros indiqués en marge du texte allemand et de sa traduction française renvoient à ce tableau des leitmotivs : on pourra donc les identifier aisément à chacune de leurs apparitions.

A la suite du répertoire, on trouvera également la reproduction musicale sommaire de tous les leitmotivs qui interviennent dans la partition du *Crépuscule des Dieux*.

GÖTTERDÄMMERUNG

DRITTER TAG AUS DEM BÜHNENFESTSPIEL

DER RING DES NIBELUNGEN

CRÉPUSCULE DES DIEUX

TROISIÈME JOURNÉE DE LA TÉTRALOGIE
EN UN PROLOGUE ET TROIS JOURNÉES

L'ANNEAU DU NIBELUNG

PERSONEN

SIEGFRIED	*Tenor*
GUNTHER	*hoher Bass*
HAGEN	*Bass*
ALBERICH	*hoher Bass*
BRÜNNHILDE	*Sopran*
GUTRUNE	*Sopran*
WALTRAUTE	*tiefer Sopran*
DIE ERSTE NORN	*Alt*
DIE ZWEITE NORN	*tiefer Sopran*
DIE DRITTE NORN	*Sopran*
Die Rheintöchter :	
WOGLINDE	*Sopran*
WELLGUNDE	*tiefer Sopran*
FLOSSHILDE	*Alt*
MANNEN	*Tenor und Bass*
FRAUEN	*Sopran*

Uraufführung am 17. August 1876, im Rahmen der ersten zyklischen Aufführung des « Ring » im Bayreuther Festspielhaus.

PERSONNAGES

SIEGFRIED	*Ténor*
GUNTHER	*Baryton*
HAGEN	*Basse*
ALBERICH	*Baryton*
BRÜNNHILDE	*Soprano*
GUTRUNE	*Soprano*
WALTRAUTE	*Mezzo-soprano*
PREMIÈRE NORNE	*Contralto*
DEUXIÈME NORNE	*Mezzo-soprano*
TROISIÈME NORNE	*Soprano*
Les Filles du Rhin :	
WOGLINDE	*Soprano*
WELLGUNDE	*Mezzo-soprano*
FLOSSHILDE	*Contralto*
HOMMES	*Ténors et basses*
FEMMES	*Soprani*

Création mondiale du *Crépuscule des Dieux*, dans le cadre de l'exécution intégrale de la *Tétralogie*, le 17 août 1876, au Festspielhaus de Bayreuth.

VORSPIEL

PROLOGUE

ORCHESTER VORSPIEL

Leitmotive : *Weltbegrüssung - Erda - Schicksalskunde-Schicksalsweben*

AUF DEM WALKÜRENFELSEN

Die Szene ist dieselbe wie am Schlusse des zweiten Tages. — Nacht. — Aus der Tiefe des Hintergrundes leuchtet Feuerschein.

Die drei Nornen, hohe Frauengestalten in langen, dunklen und schleierartigen Faltengewändern. Die erste (älteste) lagert im Vordergrunde rechts unter der breitästigen Tanne; die zweite (jüngere) ist an einer Steinbank vor dem Felsengemache hingestreckt; die dritte (jüngste) sitzt in der Mitte des Hintergrundes auf einem Felssteine des Höhensaumes. Eine Zeitlang herrscht düsteres Schweigen.

DIE ERSTE NORN *(ohne sich zu bewegen).*
Welch Licht leuchtet dort?

PRÉLUDE ORCHESTRAL

Leitmotivs : *Salut au Monde — Nornes — Sort — Trame des Destinées.*

SUR LE ROCHER DES WALKYRIES

Le décor est le même que celui de la dernière scène de « Siegfried ». C'est la nuit. Dans le lointain, des reflets de flammes. Les trois Nornes, de haute stature, sont drapées dans de longs vêtements sombres à larges plis. La première Norne (l'aînée) est étendue à l'avant-plan, à droite, sous le sapin. La deuxième (plus jeune) est allongée sur un banc de pierre devant la caverne creusée dans le roc. La troisième (la cadette) est assise à l'arrière-plan, à égale distance de ses deux sœurs, sur une saillie de pierre. Il règne un silence oppressant.

LA PREMIÈRE NORNE *(sans un mouvement).*
Quelle lumière brille là ?...

DIE ZWEITE

Dämmert der Tag schon auf?

DIE DRITTE

Loges Heer
lodert feurig um den Fels.
(73) Noch ist's Nacht.
" Was spinnen und singen wir nicht?

DIE ZWEITE *(zu der ersten).*

Wollen wir spinnen und singen,
woran spannst du das Seil?

DIE ERSTE NORN *(erhebt sich, während sie ein goldenes Seil von sich löst und mit dem einen Ende es an einen Ast der Tanne knüpft).*

(73) So gut und schlimm es geh',
" schling' ich das Seil und singe.
An der Weltesche
(73) wob ich einst,
da gross und stark
dem Stamm entgrünte
weihlicher Äste Wald.
Im kühlen Schatten
rauscht' ein Quell,
Weisheit raunend
rann sein Gewell';
da sang ich heil'gen Sinn.
(29) Ein kühner Gott
" trat zum Trunk an den Quell;
" seiner Augen eines
zahlt' er als ewigen Zoll.
Von der Weltesche
brach da Wotan einen Ast;
(27) eines Speeres Schaft
entschnitt der Starke dem Stamm.

LA DEUXIÈME NORNE

Le jour point-il déjà ?...

LA TROISIÈME NORNE

Les légions de Loge
flamboient autour du rocher...
Il fait encore nuit... (73)
Pourquoi ne filons-nous et ne chantons-nous pas ?... ”

LA DEUXIÈME NORNE *(à la première).*

Pour que nous filions et chantions,
où tends-tu la corde ?...

LA PREMIÈRE NORNE *(se lève et déroule une corde d'or dont elle attache une des extrémités à une branche du sapin).* (73)

Quoi qu'il puisse advenir,
je tresse la corde et je chante...
Sous le frêne du monde,
je filais jadis : (73)
vaste et vigoureuse,
une frondaison sacrée
se ramifiait du tronc.
A son ombre fraîche,
une source bruissait;
ses eaux coulaient,
murmurant des runes de sagesse :
je chantais alors leur sens sacré...
Un dieu plein de hardiesse (29)
vint pour boire à la source : ”
il y laissa un œil ”
en rançon éternelle.
Du frêne du monde,
Wotan brisa alors une branche :
il se tailla dans le tronc (27)
le bois d'une lance...

In langer Zeiten Lauf
zehrte die Wunde den Wald;
(5) falb fielen die Blätter,
dürr darbte der Baum,
traurig versiegte
des Quelles Trank:
trüben Sinnes
ward mein Gesang.
(73) Doch, web' ich heut
,, an der Weltesche nicht mehr,
,, muss mir die Tanne
taugen zu fesseln das Seil:
singe, Schwester,
dir werf' ich's zu.
(47) Weisst du, wie das wird?

DIE ZWEITE NORN *(windet das zugeworfene Seil um einen hervorspringenden Felsstein am Eingange des Gemaches).*

Treu beratner
Verträge Runen
(61) schnitt Wotan
,, in des Speeres Schaft:
,, den hielt er als Haft der Welt.
,, Ein kühner Held
zerhieb im Kampfe den Speer;
in Trümmer sprang
der Verträge heiliger Haft.
Da hiess Wotan
Walhalls Helden
der Weltesche
(5) welkes Geäst
(5) mit dem Stamm in Stücke zu fällen.
Die Esche sank,
(73) ewig versiegte der Quell!
,, Fessle ich heut

Au cours des âges,
la blessure fit dépérir la frondaison...
Les feuilles tombèrent, flétries; (5)
l'arbre se dessécha et mourut;
l'onde de la source
se tarit tristement :
mon chant n'eut plus
qu'un sens confus...
Mais si je ne file plus aujourd'hui (73)
au pied du frêne du monde, ,,
le sapin doit me servir ,,
à fixer la corde;
voici que je te la jette :
chante, sœur!...
Sais-tu ce qu'il adviendra ?... (47)

LA DEUXIÈME NORNE *(nouant la corde autour d'une pierre en saillie à l'entrée de la grotte).*

Les runes des traités
loyalement délibérés,
Wotan les a gravées (61)
dans le bois de la lance : ,,
il détenait ainsi la maîtrise du monde... ,,
Un héros intrépide ,,
brisa la lance au combat :
le faisceau des traités
vola en éclats...
Wotan ordonna alors
aux preux du Walhalla
de réduire en pièces avec le tronc
les branches desséchées (5)
du frêne du monde... (5)
L'arbre s'est abattu,
la source s'est à jamais tarie!... (73)
Je noue aujourd'hui

an den scharfen Fels das Seil:
singe, Schwester,
dir werf' ich's zu.
(47) Weisst du, wie das wird?

DIE DRITTE NORN *(das Seil auffangend und dessen Ende hinter sich werfend).*

Es ragt die Burg,
von Riesen gebaut:
mit der Götter und Helden
heiliger Sippe
(5) sitzt dort Wotan im Saal.
(61) Gehau'ner Scheite
" hohe Schicht
" ragt zuhauf
" rings um die Halle:
die Weltesche war dies einst!
Brennt das Holz
heilig brünstig und hell,
sengt die Glut
(27) sehrend den glänzenden Saal:
(29) (5) der ewigen Götter Ende
(46) dämmert ewig da auf.
Wisset ihr noch,
so windet von neuem das Seil;
von Norden wieder
werf' ich's dir nach.

(Sie wirft das Seil der zweiten Norn zu.)

DIE ZWEITE NORN *(schwingt das Seil der ersten hin, die es vom Zweige löst und es an einen andern Ast wieder anknüpft).*

Spinne, Schwester, und singe!

DIE ERSTE NORN *(nach hinten blickend).*

(16) Dämmert der Tag?

la corde au roc tranchant;
voici que je te la jette :
chante, sœur!...
Sais-tu ce qu'il adviendra ?... (47)

LA TROISIÈME NORNE *(saisissant la corde et en jetant l'extrémité derrière elle).*

Voici que se dresse le burg
bâti par les Géants :
avec la cohorte sacrée
des dieux et des héros,
Wotan y trône. (5)
Une haute muraille (61)
de bûches entassées ,,
s'élève ,,
tout autour de l'enceinte : ,,
débris de ce qui fut jadis le frêne du monde!...
Que flambe le bois
avec une claire et sainte ardeur,
que le brasier dévore
la salle resplendissante, (27)
alors, la fin des dieux éternels (29) (5)
poindra pour toujours!... (46)
Si vous connaissez encore quelque chose,
déroulez de nouveau la corde :
du nord, une fois encore,
je la lance vers toi...

(*Elle jette la corde à la deuxième Norne.*)

LA DEUXIÈME NORNE *(renvoie la corde à la première Norne, qui la détache et la noue à une autre branche).*

File, sœur, et chante!...

LA PREMIÈRE NORNE *(regardant derrière elle).*

Le jour point-il ?... (16)

(16) Oder leuchtet die Lohe?
” Getrübt trügt sich mein Blick;
” nicht hell eracht' ich
(16) das heilig Alte,
” da Loge einst
” entbrannte in lichter Brunst.
(47) Weisst du, was aus ihm ward?

DIE ZWEITE NORN *(das zugeworfene Seil wieder um den Stein windend).*

(27) Durch des Speeres Zauber
” zähmte ihn Wotan;
(16) Räte raunt' er dem Gott.
” An des Schaftes Runen,
” frei sich zu raten,
(27) nagte zehrend sein Zahn:
” da, mit des Speeres
” zwingender Spitze
(16) bannte ihn Wotan,
” Brünnhildes Fels zu umbrennen.
(47) Weisst du, was aus ihm wird?

DIE DRITTE NORN *(das zugeschwungene Seil wieder hinter sich werfend).*

(61) Des zerschlagnen Speeres
” stechende Splitter
” taucht' einst Wotan
” dem Brünstigen tief in die Brust:
zehrender Brand
zündet da auf;
den wirft der Gott
(29) in der Weltesche
” zuhauf geschichtete Scheite.

(Sie wirft das Seil zurück, die zweite Norn windet es auf
(51) *und wirft es der ersten wieder zu.)*

Ou est-ce l'éclat des flammes ?... (16)
Trouble, mon regard se brouille : ”
je ne discerne pas clairement ”
le moment sacré (16)
où Loge, jadis, ”
s'enflamma d'une claire ardeur... ”
Sais-tu ce qu'il en advint ?... (47)

LA DEUXIÈME NORNE *(accrochant de nouveau à la pierre la corde que lui a lancée sa sœur).*

Par la puissance magique de la lance, (27)
Wotan l'a dompté... ”
Loge a chuchoté des conseils au dieu... (16)
Pour retrouver sa liberté, ”
il a rongé de ses dents ”
les runes gravées dans le bois... (27)
Alors, sous la contrainte ”
de la pointe de la lance, ”
Wotan l'a cloué par une force magique (16)
pour flamber tout autour du rocher de Brünnhilde... ”
Sais-tu ce qu'il en advint ?... (47)

LA TROISIÈME NORNE *(rejetant derrière elle la corde qui lui a été lancée).*

Les éclats aigus (61)
de l'arme brisée, ”
voici que Wotan les plante un jour ”
profondément au cœur de Loge, ”
allumant ainsi
un incendie dévastateur
que le dieu fait se propager
à l'amoncellement des débris (29)
du frêne du monde... ”

(Elle jette de nouveau la corde à la deuxième Norne, qui la renvoie à la première.)

DIE ZWEITE NORN

Wollt ihr wissen,
(46) wann das wird?
Schwinget, Schwestern, das Seil!

DIE ERSTE NORN *(das Seil von neuem anknüpfend).*

Die Nacht weicht;
nichts mehr gewahr' ich:
des Seiles Fäden
find' ich nicht mehr;
(2) verflochten ist das Geflecht.
Ein wüstes Gesicht
(23) (19) wirrt mir wütend den Sinn.
Das Rheingold
raubte Alberich einst.
Weisst du, was aus ihm ward?

DIE ZWEITE NORN *(mit mühevoller Hast das Seil um*
(2) *den zackigen Stein des Gemaches windend).*

,, Des Steines Schärfe
,, schnitt in das Seil;
,, nicht fest spannt mehr
,, der Fäden Gespinst;
verwirrt ist das Geweb'.
(73) Aus Not und Neid
(26) ragt mir des Niblungen Ring:
ein rächender Fluch
(21) (13) nagt meiner Fäden Geflecht.
Weisst du, was daraus wird?

DIE DRITTE NORN *(das zugeworfene Seil hastig fassend).*

Zu locker das Seil,
(55) mir langt es nicht.
Soll ich nach Norden

LA DEUXIÈME NORNE

Voulez-vous savoir (51)
quand cela se passera ?... (46)
Sœurs, déroulez la corde!...

LA PREMIÈRE NORNE *(attachant de nouveau la corde).*

La nuit s'achève...
Je ne discerne plus rien...
Je ne trouve plus
les fils de la corde :
leurs réseaux s'enchevêtrent!... (2)
Une vision désolée ,,
embrouille furieusement mes pensées... (23) (19)
L'or du Rhin,
Alberich l'a volé jadis :
sais-tu ce qu'il en advint ?... (2)

LA DEUXIÈME NORNE *(fixant péniblement et hâtivement* ,,
la corde à la pierre hérissée d'aspérités de la caverne). ,,

Le tranchant de la pierre ,,
entame la corde... ,,
La trame des fils ,,
n'est plus solidement tendue ,,
et est tout emmêlée...
L'anneau du Nibelung émerge pour moi (73)
de la détresse et de la haine : (26)
une malédiction vengeresse
ronge le réseau des fils... (21) (13)
Sais-tu ce qu'il en adviendra ?...

LA TROISIÈME NORNE *(s'emparant précipitamment de la corde qui lui a été jetée).*

Trop lâche, la corde :
elle n'arrive pas jusqu'à moi!... (55)
Si je dois en étirer

(55) neigen das Ende,
straffer sei es gestreckt!

(Sie zieht gewaltsam das Seil an : dieses reisst in der Mitte.)

(17) Es riss!

DIE ZWEITE

,, Es riss!

DIE ERSTE

,, Es riss!

(Erschreckt sind die drei Nornen aufgefahren und nach der Mitte der Bühne zusammengetreten : sie fassen die Stücke des zerrissenen Seiles und binden damit ihre Leiber aneinander.)

DIE DREI NORNEN

(23) Zu End' ewiges Wissen!
(17) Der Welt melden
Weise nichts mehr.

DIE DRITTE NORN

(51) Hinab!

DIE ZWEITE NORN

,, Zur Mutter!

DIE ERSTE NORN

(46) Hinab!

(Sie verschwinden.)

l'extrémité vers le nord, (55)
qu'elle soit tendue plus fermement!...

(Elle tend le câble avec de violents efforts : il se rompt par le milieu.)

Il s'est rompu!... (17)

LA DEUXIÈME NORNE

Il s'est rompu!... ,,

LA PREMIÈRE NORNE

Il s'est rompu!... ,,

(Effrayées, les trois Nornes se sont levées et se sont rassemblées au milieu de la scène. Elles ramassent les morceaux de la corde et se les nouent l'une l'autre à la ceinture.)

LES TROIS NORNES

L'éternelle Science touche à son terme!... (23)
Les Sages n'annonceront (17)
plus rien au monde!...

LA TROISIÈME NORNE

Descendons!... (51)

LA DEUXIÈME NORNE

Vers la Mère!... (51)

LA PREMIÈRE NORNE

Descendons!... (46)

(Elles disparaissent.)

ORCHESTERZWISCHENSPIEL

Leitmotive : *Heldenthema-Brünnhilde-Walküren*

Tagesgrauen — Sonnenaufgang — Heller Tag.

Siegfried und Brünnhilde treten aus dem Steingemach auf. Siegfried ist in vollen Waffen, Brünnhilde führt ihr Ross am Zaume.

(75) BRÜNNHILDE

(75) Zu neuen Taten,
" teurer Helde,
" wie liebt' ich dich,
liess ich dich nicht ?
Ein einzig' Sorgen
lässt mich säumen :
(76) dass dir zu wenig
" mein Wert gewann!
Was Götter mich wiesen,
gab ich dir :
heiliger Runen
reichen Hort;
doch meiner Stärke

INTERLUDE ORCHESTRAL

Leitmotivs : *Thème héroïque — Brünnhilde — Chevauchée.*

Petit jour — Lever du soleil — Plein jour.

Siegfried et Brünnhilde sortent de la grotte : Siegfried, tout armé; Brünnhilde, conduisant son cheval par la bride.

BRÜNNHILDE

Héros bien-aimé, (75)
t'aimerais-je donc, "
si je ne te laissais partir "
pour de nouveaux exploits ?
Un unique souci
me fait hésiter :
que ma conquête ait (76)
trop peu de valeur à tes yeux! "
Ce que des dieux m'ont fait voir,
je te l'ai donné :
un riche trésor
de runes sacrées.
Mais la racine virginale

magdlichen Stamm
(69) nahm mir der Held,
(75) dem ich nun mich neige.

” Des Wissens bar,
” doch des Wunsches voll :
an Liebe reich,
doch ledig der Kraft :
mögst du die Arme
nicht verachten,
(76) die dir nur gönnen,
(74) nicht geben mehr kann!

SIEGFRIED

(76) (75) Mehr gabst du, Wunderfrau,

” als ich zu wahren weiss.
(75) Nicht zürne, wenn dein Lehren
mich unbelehret liess!
Ein Wissen doch wahr' ich wohl :
(75) dass mir Brünnhilde lebt;
eine Lehre lernt' ich leicht :
Brünnhildes zu gedenken!

BRÜNNHILDE

Willst du mir Minne schenken,
gedenke deiner nur,
gedenke deiner Taten :
(55) gedenk' des wilden Feuers,
(48) das furchtlos du durchschrittest,
” da den Fels es rings umbrann.

SIEGFRIED

(76) (74) Brünnhilde zu gewinnen!

BRÜNNHILDE

(40) Gedenk' der beschildeten Frau,

de ma force
m'a été enlevée par le héros (69)
auquel je suis soumise à présent. (75)

Dépossédée de ma science, ,,
mais pleine de désir; ,,
riche d'amour,
mais privée de ma force...
Puisses-tu ne pas mépriser
la pauvre femme
qui ne peut que te vouloir du bien, (76)
sans plus rien te donner! (74)

SIEGFRIED

Sublime entre toutes les femmes, tu m'as fait plus de [dons
que je n'en puis garder! (76) (75)
Ne me tiens pas rigueur, si tes leçons ,,
m'ont laissé ignorant! (75)
Je sais pourtant une chose :
c'est que Brünnhilde vit pour moi! (75)
Et j'ai appris aisément une leçon :
garder le souvenir de Brünnhilde!

BRÜNNHILDE

Si tu veux me donner de l'amour,
ne pense qu'à toi-même,
souviens-toi de tes exploits :
souviens-toi du feu sauvage (55)
que tu as traversé sans peur (48)
lorsqu'il flambait tout autour du rocher... ,,

SIEGFRIED

Pour conquérir Brünnhilde!... (76) (74)

BRÜNNHILDE

Souviens-toi de la femme protégée par son bouclier : (40)

die in tiefem Schlaf du fandest,
(48) der den festen Helm du erbrachst.

SIEGFRIED

(76) Brünnhilde zu erwecken!

BRÜNNHILDE

(75) Gedenk' der Eide,
die uns einen;
gedenk' der Treue,
die wir tragen;
gedenk' der Liebe,
der wir leben:
Brünnhilde brennt dann ewig
(67) heilig dir in der Brust! —

(Sie umarmt Siegfried.)

SIEGFRIED

(74) Lass' ich, Liebste, dich hier
in der Lohe heiliger Hut;

(er hat den Ring Alberichs von seinem Finger gezogen und reicht ihn jetzt Brünnhilde dar)

zum Tausche deiner Runen
(2) reich' ich dir diesen Ring.
(48) Was der Taten je ich schuf,
" des Tugend schliesst er ein.
(74) (6) Ich erschlug einen wilden Wurm,
" " der grimmig lang ihn bewacht.
" " Nun wahre du seine Kraft
als Weihegruss meiner Treu'!

BRÜNNHILDE *(voll Entzücken den Ring sich anstečkend).*

(2) (40) Ihn geiz' ich als einziges Gut!
(74) (19) Für den Ring nimm nun auch mein Ross!

tu l'as trouvée dans son profond sommeil,
tu lui as enlevé le casque étroit... (48)

SIEGFRIED

Pour éveiller Brünnhilde!... (76)

BRÜNNHILDE

Souviens-toi des serments (75)
qui nous unissent;
souviens-toi de la fidélité
que nous partageons;
souviens-toi de l'amour
pour lequel nous vivons :
alors, à tout jamais, Brünnhilde vivra
d'une ardeur sacrée dans ton cœur! (67)

(Elle embrasse Siegfried.)

SIEGFRIED

Si je te laisse ici, bien-aimée, (74)
à la sainte garde des flammes,

(Il retire de son doigt l'anneau d'Alberich et le tend à Brünnhilde.)

je t'offre cet anneau
en échange de tes runes! (2)
C'est en lui que réside (48)
la vertu de mes exploits. ''
J'ai mis à mort un dragon redoutable (74) (6)
qui l'avait gardé longtemps : '' ''
sois à présent dépositaire de sa force, '' ''
gage sacré de ma fidélité!

BRÜNNHILDE *(se passant l'anneau au doigt avec une joie débordante).*

Je le revendique comme mon unique richesse!... (2) (40)
Pour l'anneau, prends encore mon coursier!... (74) (19)

(40) Ging sein Lauf mit mir
” einst kühn durch die Lüfte —
” mit mir
” verlor es die mächt'ge Art;
” über Wolken hin
auf blitzenden Wettern
nicht mehr
schwingt es sich mutig des Wegs;
(41) doch wohin du ihn führst,
” — sei es durchs Feuer —
” grauenlos folgt dir Grane;
denn dir, o Helde,
soll er gehorchen!
Du hüt ihn wohl;
er hört dein Wort:
o bringe Grane
(76) (40) oft Brünnhildes Gruss!

SIEGFRIED

” ” Durch deine Tugend allein
” ” soll so ich Taten noch wirken?
” ” Meine Kämpfe kiesest du,
” ” meine Siege kehren zu dir:
(74) auf deines Rosses Rücken,
in deines Schildes Schirm,
(59) nicht Siegfried acht' ich mich mehr,
(76) (40) ich bin nur Brünnhildes Arm.

BRÜNNHILDE

(59) O wäre Brünnhild' deine Seele!

SIEGFRIED

(76) Durch sie entbrennt mir der Mut.

BRÜNNHILDE

So wärst du Siegfried und Brünnhild'?

Si sa course valeureuse (40)
m'emportait jadis dans les airs, ,,
il a, comme moi, ,,
perdu cette essence supérieure : ,,
fendant les nuées ,,
zébrées d'éclairs,
il ne se fraie plus
courageusement un chemin.
Pourtant, où que tu le mènes (41)
(fût-ce à travers le feu), ,,
Grane te suivra sans effroi, ,,
car c'est à toi, ô héros,
qu'il va obéir!
Veille bien sur lui;
il comprend tes paroles :
oh! transmets souvent à Grane
le salut de Brünnhilde!... (76)

SIEGFRIED

Ainsi, c'est par ta seule vertu (40)
que j'accomplirai encore des exploits ? ,,
C'est toi qui choisiras mes combats, ,,
et mes victoires te reviendront... ,,
Chevauchant ton coursier, (74)
protégé par ton bouclier,
je ne me considère plus comme Siegfried : (59)
je ne suis que le bras de Brünnhilde! (76) (40)

BRÜNNHILDE

Oh! si Brünnhilde pouvait être ton âme!... (59)

SIEGFRIED

C'est par elle que s'enflamme mon courage!... (76)

BRÜNNHILDE

Serais-tu donc Siegfried et Brünnhilde ?...

SIEGFRIED

(59) Wo ich bin, bergen sich beide.

BRÜNNHILDE *(lebhaft).*

So verödet mein Felsensaal?

SIEGFRIED

(74) Vereint, fasst er uns zwei!

BRÜNNHILDE *(in grosser Ergriffenheit).*

(75) O heilige Götter!
" Hehre Geschlechter!
Weidet eu'r Aug'
an dem weihvollen Paar!
(59) (75) Getrennt — wer will es scheiden?
(59) (74) Geschieden — trennt es sich nie!

SIEGFRIED

(59) Heil dir, Brünnhilde,
prangender Stern!
(59) Heil, strahlende Liebe!

BRÜNNHILDE

" Heil dir, Siegfried,
siegendes Licht!
(59) Heil, strahlendes Leben!

BEIDE

(76) (40) Heil! Heil! Heil! Heil!

Siegfried geleitet schnell das Ross dem Felsenabhange zu, wohin ihm Brünnhilde folgt. Siegfried ist mit dem Rosse hinter dem Felsenvorsprunge abwärts verschwunden, so dass der Zuschauer ihn nicht mehr sieht; Brünnhilde steht so plötzlich allein am Abhange und blickt Siegfried in die Tiefe nach. Man hört Siegfrieds Horn

SIEGFRIED

Là où je suis, nous sommes tous deux en sûreté!... (59)

BRÜNNHILDE *(avec vivacité).*

Ainsi, mon rocher se trouve inhabité ?...

SIEGFRIED

Il nous trouve unis tous deux!... (74)

BRÜNNHILDE *(avec une profonde émotion).*

O dieux saints! (75)
Race sublime! ,,
Que vos regards contemplent
le couple sacré!
Désuni, qui le divisera ? (59) (75)
Divisé, il ne se désunira jamais! ,, (74)

SIEGFRIED

Gloire à toi, Brünnhilde, (59)
étoile étincelante!...
Gloire à toi, amour rayonnant!... (59)

BRÜNNHILDE

Gloire à toi, Siegfried, (59)
lumière triomphante!...
Gloire à toi, vie rayonnante!... (59)

ENSEMBLE

Gloire! Gloire! Gloire! Gloire!... (76) (40)

(Siegfried conduit rapidement son cheval vers la déclivité, où Brünnhilde le suit. Siegfried et le cheval disparaissent derrière le promontoire rocheux. Brünnhilde demeure seule au sommet de la pente et suit des yeux Siegfried qui s'éloigne vers la vallée. On entend au loin le cor du héros. Brünnhilde s'avance de quelques pas, suivant toujours du

aus der Tiefe. Brünnhilde lauscht. Sie tritt weiter auf den Abhang hinaus, erblickt Siegfried nochmals in der Tiefe und winkt ihm mit entzückter Gebärde zu. Aus ihrem freudigen Lächeln deutet sich der Anblick des lustig davonziehenden Helden. Der Vorhang fällt schnell.)

regard Siegfried auquel elle fait de grands signes exaltés. Son sourire joyeux répond à l'allégresse du héros qui s'éloigne. Le rideau tombe rapidement.)

ORCHESTERZWISCHENSPIEL *(Siegfrieds Rheinfahrt).*

Leitmotive: *Heldenthema-Wanderlust-Walküren-Brünnhilde-Siegfrieds Horn-Liebesentschluss-Loge-Natur-Rheingold - Ring - Liebesklage - Wehe - Gold herrschaft*

INTERLUDE ORCHESTRAL (« Voyage de Siegfried sur le Rhin »).

Leitmotivs : *Thème héroïque — Désir de voyager — Chevauchée — Brünnhilde — Appels du Fils des Bois — Décision d'aimer — Loge — Rhin — Or — Anneau — Regret de l'Amour — Servitude — Puissance d'Alberich.*

ERSTER AUFZUG

DIE HALLE DER GIBICHUNGEN AM RHEIN

Diese ist dem Hintergrund zu ganz offen; den Hintergrund selbst nimmt ein freier Uferraum bis zum Flusse hin ein; felsige Anhöhen umgrenzen das Ufer.

PREMIER ACTE

LE PALAIS DES GIBICHUNGEN AU BORD DU RHIN

Une grande salle, ouverte sur l'arrière-plan occupé par un large espace libre descendant vers le fleuve. Des collines rocheuses délimitent le rivage.

ERSTE SZENE

PREMIÈRE SCÈNE

(Gunther und Gutrune auf dem Hochsitze zur Seite, vor
(77) *welchem ein Tisch mit Trinkgerät steht; davor sitzt Hagen.)*

GUNTHER

Nun hör, Hagen,
(78) sage mir, Held :
sitz' ich herrlich am Rhein,
Gunther zu Gibichs Ruhm ?

HAGEN

Dich echt genannten
acht' ich zu neiden :
(78) die beid' uns Brüder gebar,
(2) Frau Grimhild' liess mich's begreifen.

GUNTHER

(78) Dich neide ich :
,, nicht neide mich du!
,, Erbt' ich Erstlingsart,
(77) Weisheit ward dir allein :
Halbbrüderzwist
bezwang sich nie besser.
Deinem Rat nur red' ich Lob,
(78) frag' ich dich nach meinem Ruhm.

(Gunther et Gutrune sont assis sur un trône devant lequel se trouve une table sur laquelle sont posées des cornes à boire. Hagen est assis devant la table.) (77)

GUNTHER

Écoute-moi, Hagen, (78)
et dis-moi, héros : ,,
moi, Gunther, seigneur du Rhin,
fais-je honneur à Gibich ?

HAGEN

J'estime devoir t'envier, (77)
toi, le bien-nommé :
celle qui nous a engendrés tous deux, (78)
dame Grimhilde, me l'a fait comprendre. (2)

GUNTHER

C'est moi qui t'envie : (78)
ne m'envie donc pas ! ,,
Si j'ai hérité du droit d'aînesse, ,,
tu fus seul à recevoir la sagesse en partage : (77)
jamais différend entre demi-frères
ne se régla plus favorablement.
Et je fais l'éloge de ton conseil,
quand je te consulte sur ma gloire. (78)

HAGEN

(77) So schelt' ich den Rat,
(10) da schlecht noch dein Ruhm;
denn hohe Güter weiss ich,
die der Gibichung noch nicht gewann.

GUNTHER

Verschwiegst du sie,
so schelt' auch ich.

HAGEN

In sommerlich reifer Stärke
seh' ich Gibichs Stamm,
dich, Gunther, unbeweibt,
dich, Gutrun', ohne Mann.

(Gunther und Gutrune sind in schweigendes Sinnen verloren.)

GUNTHER

Wen rätst du nun zu frein,
(78) dass unsrem Ruhm es fromm' ?

HAGEN

(40) Ein Weib weiss ich,
(53) das herrlichste der Welt :
" auf Felsen hoch ihr Sitz :
(66) ein Feuer umbrennt ihren Saal;
nur wer durch das Feuer bricht,
darf Brünnhildes Freier sein.

GUNTHER

Vermag das mein Mut zu bestehn ?

HAGEN

Einem Stärkren noch ist's nur bestimmt.

HAGEN

Je blâme alors ce conseil, (77)
puisque ta gloire est encore imparfaite : (10)
car je connais des biens insignes
que le Gibichung n'a pas encore conquis.

GUNTHER

Moi aussi, je te blâme
de ne pas m'en avoir parlé.

HAGEN

Dans tout l'éclat de sa maturité,
je vois la lignée de Gibich :
toi, Gunther, tu n'as pas d'épouse;
toi, Gutrune, tu es sans mari...

(Gunther et Gutrune se perdent dans leurs réflexions silencieuses.)

GUNTHER

Qui me conseilles-tu de demander en mariage
pour que notre gloire grandisse ? (78)

HAGEN

Je connais une femme, (40)
la plus merveilleuse du monde : (53)
elle vit sur un roc altier, ,,
les flammes entourent sa demeure, (66)
et celui-là seul qui traversera le feu
pourra prétendre à la main de Brünnhilde.

GUNTHER

Mon courage me permet-il de triompher de cette [épreuve ?

HAGEN

Ce n'est réservé qu'à un héros encore plus fort que toi.

GUNTHER

Wer ist der streitlichste Mann ?

HAGEN

Siegfried, der Wälsungen Spross :
der ist der stärkste Held.
(36) Ein Zwillingspaar,
” von Liebe bezwungen,
Siegmund und Sieglinde,
(13) zeugten den echtesten Sohn.
(55) Der im Walde mächtig erwuchs,
(79) den wünsch’ ich Gutrun’ zum Mann.

GUTRUNE *(schüchtern beginnend).*

Welche Tat schuf er so tapfer,
dass als herrlichster Held er genannt ?

HAGEN

(6) Vor Neidhöhle
” den Niblungenhort
(2) bewachte ein riesiger Wurm :
(64) Siegfried schloss ihm
” den freislichen Schlund,
” erschlug ihn mit siegendem Schwert.
Solch ungeheurer Tat
(13) enttagte des Helden Ruhm.

GUNTHER *(in Nachsinnen).*

(2) Vom Niblungenhort vernahm ich :
” er birgt den neidlichsten Schatz ?

HAGEN

Wer wohl ihn zu nützen wüsst’,
(23) (19) dem neigte sich wahrlich die Welt.

GUNTHER

Und Siegfried hat ihn erkämpft ?

GUNTHER

Et qui est cet homme, vaillant entre tous ?

HAGEN

Siegfried, l'héritier des Wälsungen,
Siegfried est le héros fort entre tous.
Deux jumeaux (36)
que l'amour a unis, "
Siegmund et Sieglinde,
ont engendré ce fils illustre. (13)
C'est lui, le fort, grandi dans les bois, (55)
c'est lui que je souhaite voir devenir l'époux de Gutrune (79)

GUTRUNE *(timidement)*.

Quel exploit si valeureux a-t-il accompli,
pour être salué comme le héros suprême ?

HAGEN

A Neidhöhle, (6)
un dragon gigantesque veillait "
sur le trésor du Nibelung : (2)
Siegfried lui a fermé (64)
sa gueule terrifiante, "
et son glaive victorieux l'a mis à mort. "
Cet exploit prodigieux
valut la gloire au héros. (13)

GUNTHER *(songeur)*.

J'ai entendu parler du trésor du Nibelung : (2)
il renferme le plus enviable des joyaux ?... "

HAGEN

Le monde s'inclinerait véritablement
devant celui qui saurait comment l'utiliser... (23) (19)

GUNTHER

Et Siegfried l'a conquis au combat ?...

HAGEN

(26) Knecht sind die Niblungen ihm.

GUNTHER

(13) Und Brünnhild' gewänne nur er?

HAGEN

(40) Keinem andren wiche die Brunst.

GUNTHER *(unwillig sich vom Sitze erhebend).*

Wie weckst du Zweifel und Zwist!
Was ich nicht zwingen soll,
darnach zu verlangen
machst du mir Lust?

(78) *(Er schreitet bewegt in der Halle auf und ab. Hagen,*
(14) *ohne seinen Sitz zu verlassen, hält Gunther, als dieser wieder in seine Nähe kommt, durch einen geheimnisvollen Wink fest.)*

HAGEN

Brächte Siegfried
die Braut dir heim,
(78) wär' dann nicht Brünnhilde dein?

GUNTHER *(wendet sich wieder zweifelnd und unmutig ab).*

Was zwänge den frohen Mann,
für mich die Braut zu frein?

HAGEN *(wie vorher).*

Ihn zwänge bald deine Bitte,
bänd' ihn Gutrun' zuvor.

GUTRUNE

(80) Du Spötter, böser Hagen,
" wie sollt' ich Siegfried binden?

HAGEN

Les Nibelungen sont ses esclaves... (26)

GUNTHER

Et lui seul pourrait conquérir Brünnhilde ?... (13)

HAGEN

Le brasier ne céderait à nul autre... (40)

GUNTHER *(se levant avec un geste de mauvaise humeur)*.

Pourquoi suscites-tu le doute et la querelle ?...
Pourquoi me portes-tu
à désirer
ce dont je ne pourrais venir à bout ?...

(Il marche de long en large, à pas précipités. Hagen, (78)
d'un signe mystérieux et sans quitter son siège, arrête (14)
Gunther lorsque celui-ci est à proximité de lui.)

HAGEN

Si Siegfried te conduisait
la fiancée ici,
Brünnhilde ne serait-elle pas à toi ?... (78)

GUNTHER *(se détourne de nouveau, mécontent et indécis)*.

Qui contraindrait le héros plein de joie
à me conquérir la fiancée ?...

HAGEN *(comme précédemment)*.

Ta demande l'y contraindrait vite,
si Gutrune se l'attachait d'abord...

GUTRUNE

Railles-tu, sombre Hagen ?... (80)
Comment pourrais-je m'attacher Siegfried ?... ”

Ist er der herrlichste
(79) Held der Welt,
” der Erde holdeste Frauen
friedeten längst ihn schon.

HAGEN *(sich vertraulich zu Gutrune hinneigend).*

(80) Gedenk des Trankes im Schrein; *(heimlicher)*
” vertraue mir, der ihn gewann :
” den Helden, des du verlangst,
bindet er liebend an dich.

(Gunther ist wieder an den Tisch getreten und hört, auf ihn gelehnt, jetzt aufmerksam zu.)

(13) Träte nun Siegfried ein,
genöss’ er des würzigen Tranks,
(14) dass vor dir ein Weib er ersah,
(10) dass je ein Weib ihm genaht,
(81) vergessen müsst’ er des ganz.
(77) Nun redet :
wie dünkt euch Hagens Rat ?

GUNTHER *(lebhaft auffahrend).*

(78) Gepriesen sei Grimhild’
” die uns den Bruder gab!

GUTRUNE

Möcht’ ich Siegfried je ersehn!

GUNTHER

(17) Wie fänden wir ihn auf?

(Ein Horn klingt aus dem Hintergrunde von links her.
(77) (55) *Hagen lauscht.)*

HAGEN

Jagt er auf Taten

S'il est le héros
le plus radieux du monde, (79)
les femmes les plus séduisantes de la terre ’’
doivent lui avoir fait la cour depuis longtemps déjà!...

HAGEN *(se penchant vers Gutrune comme pour une confidence).*

Souviens-toi du philtre dans le coffret, *(avec mystère)*
fie-toi à moi qui me le suis procuré : (80)
il t'assurera l'amour ’’
du héros auquel tu aspireras...

(Gunther s'est rapproché de la table : il s'y appuie en écoutant attentivement.)

Que Siegfried vienne ici, (13)
qu'il savoure le breuvage aromatique,
et il devrait oublier totalement (14)
qu'il ait pu voir une femme avant de te rencontrer (10)
et qu'une femme l'ait jamais approché!... (81)
Dites-moi à présent : (77)
que pensez-vous du conseil de Hagen ?...

GUNTHER *(se redressant avec vivacité).*

Louée soit Grimhilde (78)
qui nous a donné ce frère!... ’’

GUTRUNE

Puissé-je voir un jour Siegfried!

GUNTHER

Comment pourrions-nous le trouver ?... (17)

(On entend un cor au loin, vers la gauche. Hagen écoute). (77) (55)

HAGEN

A l'aventure, en quête

(55) wonnig umher,
" zum engen Tann
" wird ihm die Welt:
" wohl stürmt er in rastloser Jagd
auch zu Gibichs Strand an den Rhein

GUNTHER

Willkommen hiess' ich ihn gern.

(55) *(Horn näher, aber immer noch fern. Beide lauschen.)*

Vom Rhein her tönt das Horn.

HAGEN *(ist an das Ufer gegangen, späht den Fluss hinab und ruft zurück).*

(26) In einem Nachen Held und Ross!
(55) Der bläst so munter das Horn!

" *(Gunther bleibt auf halbem Wege lauschend zurück.)*

(8) Ein gemächlicher Schlag,
" wie von müssiger Hand,
" treibt jach den Kahn
wider den Strom;
so rüstiger Kraft
in des Ruders Schwung
rühmt sich nur der,
der den Wurm erschlug.
Siegfried ist es, sicher kein andrer!

GUNTHER

Jagt er vorbei?

HAGEN *(durch die hohlen Hände nach dem Flusse rufend).*

Hoiho! Wohin,

d'exploits enivrants, (55)
il regardera le monde ,,
comme une maigre sapinière : ,,
sa chasse infatigable le jettera un jour ,,
au rivage de Gibich sur le Rhin!...

GUNTHER

Je lui souhaiterais volontiers la bienvenue!... (55)

(Les appels de cor se sont rapprochés quelque peu. Tous deux écoutent.) ,,

Le son du cor vient du Rhin...

HAGEN *(se dirige vers la rive, regarde en direction du fleuve et s'écrie) :*

Dans une barque, un héros et un cheval!... (26)
C'est ce héros qui sonne si fièrement du cor!... (55)

(Gunther reste à mi-chemin de la berge et prête de nouveau l'oreille.) ,,

A coups réguliers (8)
d'une main presque indolente, ,,
il pousse fougueusement l'esquif ,,
à contre-courant :
seul le vainqueur du dragon
peut se glorifier
d'une si alerte puissance
dans l'effort du rameur :
certainement, voici Siegfried, et nul autre!

GUNTHER

Se hâte-t-il vers nous ?...

HAGEN *(criant vers le fleuve, en se faisant un porte-voix de ses mains).*

Hoïho!... Où vas-tu,

du heitrer Held ?

SIEGFRIEDS STIMME *(aus der Ferne, vom Flusse her).*

(78) Zu Gibichs starkem Sohne.

HAGEN

” Zu seiner Halle entbiet' ich dich.

(Siegfried erscheint im Kahn am Ufer.)

Hieher! Hier lege an!

héros plein de gaieté ?...

VOIX DE SIEGFRIED *(au loin, venant du fleuve).*

Chez le fils puissant de Gibich!... (78)

HAGEN

En son palais, voici que je te convie...

(Siegfried apparaît dans une barque, près de la berge.)

Ici!... Aborde ici!...

ZWEITE SZENE

DEUXIÈME SCÈNE

Siegfried legt mit dem Kahne an und springt, nachdem Hagen den Kahn mit der Kette am Ufer festgeschlossen hat, mit dem Rosse auf den Strand.

HAGEN

(17) Heil! Siegfried, teurer Held!

(Gunther ist zu Hagen an das Ufer getreten. Gutrune blickt vom Hochsitze aus in staunender Bewunderung auf Siegfried. Gunther will freundlichen Gruss bieten. Alle stehen in gegenseitiger stummer Betrachtung.)

SIEGFRIED *(auf sein Ross gelehnt, bleibt ruhig am Kahne*
(48) *stehen).*

,, Wer ist Gibichs Sohn ?

GUNTHER

(78) Gunther, ich, den du suchst.

SIEGFRIED

(48) Dich hört' ich rühmen
,, weit am Rhein :
nun ficht mit mir
oder sei mein Freund!

GUNTHER

Lass den Kampf!
(80) Sei willkommen!

Siegfried aborde le rivage. Quand Hagen a terminé d'amarrer la barque avec une chaîne, Siegfried débarque sur la rive avec son cheval.

HAGEN

Salut, Siegfried, noble héros!... (17)

(Gunther rejoint Hagen sur la berge. De son trône, Gutrune contemple Siegfried avec un étonnement mêlé d'admiration. Gunther esquisse un salut plein de cordialité. Tous demeurent immobiles, s'observant mutuellement.)

SIEGFRIED *(appuyé à son cheval, demeure paisiblement près de la barque).* (48)

Qui est le fils de Gibich ? ''

GUNTHER

Moi, Gunther, que tu cherches... (78)

SIEGFRIED

J'ai entendu vanter ta gloire (48)
au loin sur le Rhin : ''
combats à présent avec moi
ou sois mon ami !...

GUNTHER

Pas de combat :
sois le bienvenu!... (80)

SIEGFRIED *(sieht sich ruhig um).*

(41) Wo berg' ich mein Ross?

HAGEN

Ich biet' ihm Rast.

SIEGFRIED *(zu Hagen gewendet).*

(17) Du riefst mich Siegfried:
sahst du mich schon?

HAGEN

(48) Ich kannte dich nur
,, an deiner Kraft.

SIEGFRIED *(indem er an Hagen das Ross übergibt).*

(75) Wohl hüte mir Grane!
,, Du hieltest nie
(76) von edlerer Zucht
(40) (41) am Zaume ein Ross.

(Hagen führt das Ross rechts hinter die Halle ab. Während Siegfried ihm gedankenvoll nachblickt, entfernt sich auch Gutrune, durch einen Wink Hagens bedeutet, von Siegfried unbemerkt, nach links durch eine Tür in ihr Gemach. Gunther schreitet mit Siegfried, den er dazu einlädt, in die Halle vor.)

GUNTHER

Begrüsse froh, o Held,
die Halle meines Vaters;
wohin du schreitest,
was du ersiehst,
das achte nun dein Eigen:
dein ist mein Erbe,

SIEGFRIED *(regardant tranquillement tout autour de lui).*

Où mettrai-je mon cheval à l'abri ?... (41)

HAGEN

Je lui donnerai litière...

SIEGFRIED *(s'adressant à Hagen).*

Tu m'as appelé Siegfried : (17)
m'as-tu déjà vu ?... (48)

HAGEN

Je t'ai reconnu ,,
à ta seule vigueur... ,,

SIEGFRIED *(confiant son cheval à Hagen).*

Veille bien sur Grane!... (75)
Tu n'as jamais tenu ,,
par la bride un coursier (76)
de plus noble race!... (40) (41)

(Hagen conduit le cheval vers la droite, derrière le palais. Tandis que Siegfried le suit pensivement du regard, Gutrune, sur un signe de Hagen que Siegfried n'a pas remarqué, se retire dans son logis par une porte vers la gauche. Gunther marche à côté de Siegfried et l'invite à pénétrer dans la salle.)

GUNTHER

O héros, salue joyeusement
le palais de mon père.
Où que tu ailles,
quoi que tu voies,
considère tout cela comme ta propriété :
terres et gens,

Land und Leut' —
hilf, mein Leib, meinem Eide!
Mich selbst geb' ich zum Mann.

SIEGFRIED

Nicht Land noch Leute biete ich
noch Vaters Haus und Hof:
(36) einzig erbt' ich
den eignen Leib;
lebend zehr' ich den auf.
Nur ein Schwert hab' ich,
(13) (9) selbst geschmiedet:
(77) hilf, mein Schwert, meinem Eide!
Das biet' ich mit mir zum Bund.

HAGEN *(der zurückgekommen ist und jetzt hinter Siegfried steht).*

(9) Doch des Nibelungenhortes
" nennt die Märe dich Herrn?

SIEGFRIED *(sich zu Hagen umwendend).*

Des Schatzes vergass ich fast:
so schätz' ich sein müss'ges Gut!
(6) In einer Höhle liess ich's liegen,
(9) wo ein Wurm es einst bewacht'.

HAGEN

Und nichts entnahmst du ihm?

SIEGFRIED *(auf das stählerne Netzgewirk deutend, das er im Gürtel hängen hat).*

(9) Dies Gewirk, unkund seiner Kraft.

HAGEN

Den Tarnhelm kenn' ich,

mon patrimoine est à toi...
Que mon corps soit garant de mon serment :
je me voue à toi comme homme lige!...

SIEGFRIED

Je n'ai à t'offrir ni terres, ni gens,
ni toit paternel, ni cour :
je n'ai reçu en héritage (36)
que mon propre corps,
et je le consume en vivant!
Je ne possède qu'un glaive,
que j'ai forgé moi-même : (13) (9)
mon glaive, sois garant de mon serment! (77)
Voilà ce que, outre moi-même, je t'offre en alliance!...

HAGEN *(qui est rentré et se tient derrière Siegfried).*

Mais la renommée affirme que tu possèdes (9)
le trésor du Nibelung ?... ”

SIEGFRIED *(se tournant vers Hagen).*

J'avais presque oublié le trésor,
tant je fais peu de cas de ce bien inutile!
Je l'ai laissé dans une caverne (6)
où jadis un dragon veillait sur lui. (9)

HAGEN

Et tu n'en as rien emporté ?... ”

SIEGFRIED *(montrant la résille pendue à sa ceinture).*

Ce tissu d'acier, dont j'ignore la puissance... (9)

HAGEN

Je reconnais le heaume magique ”

,, der Niblungen künstliches Werk:
(14) er taugt, bedeckt er dein Haupt,
,, dir zu tauschen jede Gestalt;
,, verlangt's dich an fernsten Ort,
,, er entführt flugs dich dahin.
(9) Sonst nichts entnahmst du dem Hort?

SIEGFRIED

(2) Einen Ring.

HAGEN

Den hütest du wohl?

SIEGFRIED

Den hütet ein hehres Weib.

HAGEN *(für sich)*.

Brünnhild'!...

GUNTHER

Nicht, Siegfried, sollst du mir tauschen:
Tand gäb' ich für dein Geschmeid,
nähmst all mein Gut du dafür.
Ohn' Entgelt dien' ich dir gern.

(79) *(Hagen ist zu Gutrunes Tür gegangen und öffnet sie*
,, *jetzt. Gutrune tritt heraus, sie trägt ein gefülltes Trinkhorn und naht damit Siegfried.)*

GUTRUNE

,, Willkommen, Gast,
,, in Gibichs Haus!
,, Seine Tochter reicht dir den Trank.

SIEGFRIED *(neigt sich ihr freundlich und ergreift das Horn; er hält es gedankenvoll vor sich hin und sagt leise)*.

Vergäss' ich alles,

produit par l'art du Nibelung :
si tu t'en couvres, il te permet (14)
de changer de forme ; ,,
désires-tu te rendre en un endroit éloigné, ,,
il t'y conduit sur-le-champ... ,,
N'as-tu rien prélevé d'autre sur le trésor ?... (9)

SIEGFRIED

Un anneau... (2)

HAGEN

Tu le gardes précieusement ?...

SIEGFRIED

C'est une noble femme qui le garde...

HAGEN *(à part)*.

Brünnhilde !...

GUNTHER

Tu ne dois pas me proposer d'échange, Siegfried.
Même si tu prenais tout mon bien,
je ne t'offrirais encore que pacotille pour ton heaume :
c'est sans contrepartie que je me mets volontiers à ton
[service !...

(Hagen s'est dirigé vers la porte de l'appartement de Gutrune, et il l'ouvre. Gutrune apparaît, portant une corne à boire, et s'avance vers Siegfried.) (79)

GUTRUNE

Sois le bienvenu, hôte, ,,
dans la maison de Gibich !... ,,
Sa fille t'offre à boire... ,,

SIEGFRIED *(s'incline amicalement et prend la corne. Il la tient pensivement devant lui et dit à voix basse) :*

Si je devais oublier tout

(69) was du mir gabst,
,, von einer Lehre
,, lass' ich doch nie;
(67) den ersten Trunk
,, zu treuer Minne,
Brünnhilde, bring' ich dir!

(81) *(Er setzt das Trinkhorn an und trinkt in einem langen*

(79) *Zuge. Er reicht das Horn an Gutrune zurück, die verschämt und verwirrt ihre Augen vor ihm niederschlägt. Siegfried heflet den Blick mit schnell entbrannter Leidenschaft auf sie.)*

Die so mit dem Blitz
den Blick du mir sengst,
was senkst du dein Auge vor mir?

(Gutrune schlägt errötend das Auge zu ihm auf.)

Ha, schönstes Weib!
Schliesse den Blick;
das Herz in der Brust
brennt mir sein Strahl:
zu feurigen Strömen fühl' ich
ihn zehrend zünden mein Blut!

(Mit bebender Stimme.)

(80) Gunther, wie heisst deine Schwester?

GUNTHER

(79) Gutrune.

SIEGFRIED *(leise).*

Sind's gute Runen,

ce que tu m'as donné, (69)
je n'oublierais pourtant jamais ,,
une leçon : ,,
ce premier trait (67)
à un amour fidèle, ,,
Brünnhilde, c'est à toi que je le dédie!...

(Il approche la corne de ses lèvres et boit lentement, d'un trait.) (81)

(Il rend la corne à Gutrune, qui baisse les yeux devant lui, avec une confusion embarrassée. Siegfried fixe sur elle un regard plein d'une passion soudaine.) (79)

Toi dont l'éclat
a enflammé mon regard,
pourquoi baisses-tu les yeux devant moi ?

(Gutrune, en rougissant, lève les yeux vers lui.)

O toi, la plus belle d'entre les femmes!...
Ferme ces yeux
dont les rayons
me brûlent le cœur :
je les sens allumer en mon sang
des fleuves enflammés!...

(D'une voix tremblante.)

Gunther, comment ta sœur s'appelle-t-elle ?... (80)

GUNTHER

Gutrune... (79)

SIEGFRIED *(à mi-voix).*

Sont-ce des runes favorables *

*) Jeu de mots sur le nom de GUTRUNE qui, littéralement, signifie « bonnes runes ».

die ihrem Aug' ich entrate ?

(Er fasst Gutrune mit feurigem Ungestüm bei der Hand.)

Deinem Bruder bot ich mich zum Mann :
der Stolze schlug mich aus;
trügst du, wie er, mir Übermut,
böt' ich mich dir zum Bund ?

(77) *(Gutrune trifft unwillkürlich auf Hagens Blick. Sie neigt*
(79) *demütig das Haupt, und mit einer Gebärde, als fühle*
(17) *sie sich seiner nicht wert, verlässt sie schwankenden Schrittes wieder die Halle.)*

SIEGFRIED *(von Hagen und Gunther aufmerksam beobachtet, blickt ihr, wie festgezaubert, nach; dann, ohne sich umzuwenden, fragt er).*

Hast du, Gunther, ein Weib ?

GUNTHER

Nicht freit' ich noch,
und einer Frau
(40) soll ich mich schwerlich freun!
(21) Auf eine setzt' ich den Sinn,
(77) die kein Rat mir je gewinnt.

SIEGFRIED *(wendet sich lebhaft zu Gunther).*

Was wär' dir versagt,
steh' ich zu dir ?

GUNTHER

(53) (66) Auf Felsen hoch ihr Sitz —

SIEGFRIED *(mit verwunderungsvoller Hast einfallend).*

" " " Auf Felsen hoch ihr Sitz; "

GUNTHER

Ein Feuer umbrennt den Saal ; —

SIEGFRIED

" Ein Feuer umbrennt den Saal "... ?

que je déchiffre dans ses yeux ?...

(Il saisit passionnément la main de Gutrune.)

Je me suis mis au service de ton frère,
mais l'orgueilleux m'a éconduit :
comme lui, décevrais-tu ma présomption,
si je me vouais à toi ?...

(Gutrune rencontre involontairement le regard de Hagen. (77)
Elle baisse modestement la tête et se retire en chancelant, (79)
avec un geste signifiant qu'elle ne se sent pas digne de (17)
Siegfried.)

SIEGFRIED *(observé avec attention par Hagen et Gunther, il la suit des yeux, comme fasciné. Puis, sans se retourner :)*

Gunther, as-tu une épouse ?

GUNTHER

Je ne suis pas encore marié,
et une femme
ne me tenterait guère : (40)
j'ai porté mon choix sur une fiancée (21)
que nul moyen ne pourra me conquérir !... (77)

SIEGFRIED *(se tournant vivement vers Gunther).*

Qu'est-ce qui te serait refusé,
dès lors que je suis à tes côtés ?

GUNTHER

Elle vit sur un roc altier... (53) (66)

SIEGFRIED *(enchaînant, avec une profonde surprise).*

« Elle vit sur un roc altier ?... » ” ”

GUNTHER

Les flammes entourent sa demeure...

SIEGFRIED

« Les flammes entourent sa demeure ?... »

GUNTHER

Nur wer durch das Feuer bricht —

SIEGFRIED *(mit der heftigsten Anstrengung, um eine Erinnerung festzuhalten).*

" Nur wer durch das Feuer bricht"... ?

GUNTHER

(66) — darf Brünnhildes Freier sein.

(Siegfried drückt durch eine Gebärde aus, dass bei Nennung von Brünnhildes Namen die Erinnerung ihm vollends ganz schwindet.)

GUNTHER

(81) Nun darf ich den Fels nicht erklimmen;
(16) das Feuer verglimmt mir nie!

SIEGFRIED *(kommt aus einem traumartigen Zustand*
" *zu sich und wendet sich mit übermütiger Lustigkeit zu Gunther).*

" Ich — fürchte kein Feuer,
" für dich frei' ich die Frau;
denn dein Mann bin ich,
und mein Mut ist dein,
gewinn' ich mir Gutrun' zum Weib.

GUNTHER

Gutrune gönn' ich dir gerne.

SIEGFRIED

Brünnhilde bring' ich dir.

GUNTHER

Wie willst du sie täuschen?

SIEGFRIED

Durch des Tarnhelms Trug

GUNTHER

Celui-là seul qui traversera le feu...

SIEGFRIED *(avec un effort désespéré pour fixer un souvenir).*

« Celui-là seul qui traversera le feu ?... »

GUNTHER

... pourra prétendre à la main de Brünnhilde! (66)

(Un geste de Siegfried exprime que, à l'énoncé du nom de Brünnhilde, il a totalement perdu la mémoire.)

GUNTHER

Et je ne puis pas monter à l'assaut du rocher : (81)
le feu ne s'éteindra jamais pour moi!... (16)

SIEGFRIED *(semblant sortir d'un rêve, se tourne avec une allègre vivacité vers Gunther.)*

Mais moi, je ne crains nul brasier : ,,
je la demanderai en mariage pour toi!... ,,
Je suis ton homme lige
et mon courage est à ta disposition,
si je puis avoir Gutrune pour femme!...

GUNTHER

Je t'accorderai volontiers la main de Gutrune... (16)

SIEGFRIED

Je conduirai Brünnhilde vers toi...

GUNTHER

Comment lui donneras-tu le change ?...

SIEGFRIED

Par la vertu du heaume magique,

tausch' ich mir deine Gestalt.

GUNTHER

So stelle Eide zum Schwur!

SIEGFRIED

Blut-Brüderschaft
schwöre ein Eid!

(17) *(Hagen füllt ein Trinkhorn mit frischem Wein; dieses*
(27) *hält er dann Siegfried und Gunther hin, welche sich*
mit ihren Schwertern die Arme ritzen und diese eine
(16) *kurze Zeit über die Öffnung des Trinkhorns halten.*
(13) *Siegfried und Gunther legen zwei ihrer Finger auf das*
(77) *Horn, welches Hagen fortwährend in ihrer Mitte hält.)*

SIEGFRIED

Blühenden Lebens
labendes Blut
träufelt' ich in den Trank.

GUNTHER

Bruder-brünstig
mutig gemischt,
(27) (77) blüh' im Trank unser Blut.

BEIDE

Treue trink' ich dem Freund.
Froh und frei
entblühe dem Bund
(27) (77) Blut-Brüderschaft heut!

GUNTHER

(82) Bricht ein Bruder den Bund:

" SIEGFRIED

Trügt den Treuen der Freund:

je prendrai ton apparence...

GUNTHER

Qu'un serment nous engage!...

SIEGFRIED

Que la fraternité dans le sang
scelle notre serment!... (17) (27)

(Hagen remplit de vin une corne à boire et la présente à Siegfried et à Gunther qui, du tranchant de leur glaive, (16)
s'entaillent le bras et le tiennent pendant un bref instant (13)
au-dessus de la corne. Siegfried et Gunther posent deux (77)
doigts sur cette corne que Hagen tient entre eux deux.)

SIEGFRIED

J'ai laissé tomber goutte à goutte dans le breuvage
le sang rafraîchissant
d'une vie épanouie.

GUNTHER

Mêlé courageusement,
avec une ardeur fraternelle,
que notre sang fleurisse dans le breuvage! (27) (77)

GUNTHER *et* SIEGFRIED

Je voue fidélité à l'ami :
joyeuse et libre,
qu'une fraternité par le sang
naisse aujourd'hui de cette alliance! (27) (77)

GUNTHER

Si un frère trahit le pacte, (82)

SIEGFRIED

Si l'ami manque à la fidélité, ”

BEIDE

Was in Tropfen heut
hold wir tranken,
in Strahlen ström es dahin,
(17) (27) fromme Sühne dem Freund!

GUNTHER *(trinkt und reicht das Horn Siegfried).*

So — biet' ich den Bund.

SIEGFRIED

(83) So — trink' ich dir Treu'!

(77) *(Er trinkt und hält das geleerte Trinkhorn Hagen hin.*
(27) *Hagen zerschlägt mit seinem Schwerte das Horn in zwei*
(80) *Stücke. Siegfried und Gunther reichen sich die Hände.)*

(79) SIEGFRIED *(betrachtet Hagen, welcher während des Schwures hinter ihm gestanden).*

(82) Was nahmst du am Eide nicht teil?

HAGEN

" Mein Blut verdürb' euch den Trank;
(20) nicht fliesst mir's echt
und edel wie euch;
(2) störrisch und kalt
stockt's in mir;
(23) (9) nicht will's die Wange mir röten.
Drum bleib' ich fern
(77) vom feurigen Bund.

GUNTHER *(zu Siegfried).*

Lass den unfrohen Mann!

SIEGFRIED *(hängt sich den Schild wieder über).*

Frisch auf die Fahrt!
(16) Dort liegt mein Schiff;

GUNTHER *et* SIEGFRIED

que les gouttes de sang
bues aujourd'hui avec délices
se répandent alors en torrents,
en pieuse expiation pour l'ami! (17) (27)

GUNTHER *(boit et tend la corne à Siegfried).*

Ainsi, je t'offre l'alliance!

SIEGFRIED

Ainsi, je te voue ma fidélité! (83)

(Il boit et tend la corne vide à Hagen qui la tranche en (77) (27)
deux avec son glaive. Siegfried et Gunther se tendent (80) (79)
la main.)

SIEGFRIED *(observe Hagen, qui s'était tenu derrière lui pendant le serment).*

Pourquoi n'as-tu pas pris part au serment ? (82)

HAGEN

Mon sang aurait altéré votre breuvage : ''
il ne coule pas pur (20)
et noble comme le vôtre. ''
Il stagne en moi, (2)
lourd et glacé,
sans faire monter le rouge à mes joues : (23) (9)
je reste donc à l'écart
d'une alliance pleine de fougue... (77)

GUNTHER *(à Siegfried).*

Laisse-là cet homme sans joie!...

SIEGFRIED *(se couvrant de nouveau de son bouclier).*

Partons vite!...
Ma barque est là : (16)

schnell führt es zum Felsen.

(Er tritt näher zu Gunther und bedeutet diesen.)

Eine Nacht am Ufer
harrst du im Nachen;
die Frau fährst du dann heim.

(Er wendet sich zum Fortgehen und winkt Gunther, ihm zu folgen.)

GUNTHER

Rastest du nicht zuvor ?

SIEGFRIED

(16) Um die Rückkehr ist mir's jach!

,, *(Er geht zum Ufer, um das Schiff loszubinden.)*

,, GUNTHER

Du, Hagen, bewache die Halle!

(Er folgt Siegfried zum Ufer. — Während Siegfried und
(77) *Gunther, nachdem sie ihre Waffen darin niedergelegt,*
im Schiff das Segel aufstecken und alles zur Abfahrt
(16) *bereit machen, nimmt Hagen seinen Speer und Schild.*
(40) *Gutrune erscheint an der Tür ihres Gemachs, als soeben*
Siegfried das Schiff abstösst, welches sogleich der Mitte des Stromes zutreibt.)

GUTRUNE

Wohin eilen die Schnellen ?

HAGEN *(während er sich gemächlich mit Schild und Speer vor der Halle niedersetzt).*

(40) Zu Schiff — Brünnhild' zu frein.

GUTRUNE

Siegfried ?

elle nous conduira promptement au rocher... (16)

(Il s'approche de Gunther et lui explique :)

Pendant une nuit, sur la rive,
tu m'attendras dans la barque :
et tu reviendras ensuite ici avec la femme...

(Il se dispose à partir et fait signe à Gunther de le suivre.)

GUNTHER

Ne prendras-tu pas d'abord un peu de repos ?...

SIEGFRIED

J'ai hâte de revenir!... (16)

(Il se dirige vers le rivage, pour désamarrer la barque.)

GUNTHER

Toi, Hagen, garde la demeure!... ''

(Il suit Siegfried. Tous deux déposent leurs armes dans la
barque, hissent la voile et vaquent aux derniers préparatifs. (77)
Hagen prend sa lance et son bouclier. Gutrune paraît à (16)
la porte de son logis au moment où Siegfried lance (40)
vigoureusement l'esquif au milieu du fleuve.)

GUTRUNE

Où vont-ils avec cette célérité ?

HAGEN *(s'asseyant confortablement à la porte de la salle, armé de la lance et du bouclier.)*

Ils ont pris la barque pour aller chercher Brünnhilde... (40)

GUTRUNE

Siegfried ?...

HAGEN

Sieh, wie's ihn treibt,
(79) zum Weib dich zu gewinnen!

,, GUTRUNE

Siegfried — mein!

(Sie geht, lebhaft erregt, in ihr Gemach zurück.)
(28) *(Siegfried hat das Ruder erfasst, und treibt jetzt mit dessen Schlägen den Nachen stromabwärts, so dass dieser*
(77) (55) *bald gänzlich ausser Gesicht kommt.)*

HAGEN *(sitzt mit dem Rücken an den Pfosten der Halle gelehnt, bewegungslos).*

(28) Hier sitz' ich zur Wacht,
,, wahre den Hof,
(21) (26) wehre die Halle dem Feind.
Gibichs Sohne
wehet der Wind,
(28) (77) (55) auf Werben fährt er dahin.
(48) Ihm führt das Steuer
,, ein starker Held,
(26) (21) Gefahr ihm will er bestehn.
(40) Die eigne Braut
,, ihm bringt er zum Rhein;
(28) (23) (77) mir aber bringt er — den Ring!
(19) Ihr freien Söhne,
frohe Gesellen,
segelt nur lustig dahin!
Dünkt er euch niedrig,
(29) ihr dient ihm doch,
(19) (26) des Niblungen Sohn.

(Ein Teppich, welcher dem Vordergrunde zu die Halle einfasste, schlägt zusammen und schliesst die Bühne vor dem Zuschauer ab.)

HAGEN

Vois comme il a hâte
de te conquérir comme épouse!... (79)

GUTRUNE

Siegfried!... Mien!... ’’

(Pleine d'exaltation, elle regagne son logis.)
(Siegfried a pris la rame et met dans le courant du fleuve la barque qui disparaît bientôt au regard.)

HAGEN *(assis, immobile et adossé à un des piliers de la halle).* (28) (77) (55)

Je veille ici, (28)
gardant le palais, ’’
défendant la halle contre l'ennemi... (26) (21)
Le vent souffle
pour le fils de Gibich
qui vogue aux épousailles... (28) (55)
Un héros vigoureux (48)
lui tient la barre : ’’
il triomphera pour lui du danger. (26) (21)
Sa propre femme, (40)
il va la lui livrer au Rhin : ’’
mais, à moi, c'est l'anneau qu'il apportera! (28) (23) (77)
Fils de la liberté, (19)
joyeux compagnons,
faites donc voile allègrement!...
Même s'il vous paraît méprisable,
vous servirez pourtant (29)
le fils du Nibelung!... (19) (26)

(Un rideau d'avant-scène dissimule le théâtre aux spectateurs.)

ORCHESTERZWISCHENSPIEL

Leitmotive : *Goldherrschaft-Ring-Nibelungenhass-Siegfrieds Horn-Siegfried-Vertrag-Wehe-Brünnhilde-Fluch-Weltbegrüssung-Weltenhort*

INTERLUDE ORCHESTRAL

Leitmotivs : *Puissance d'Alberich — Anneau — Travail de destruction — Siegfried, gardien de l'Épée — Traité — Appels du Fils des Bois — Servitude — Brünnhilde — Malédiction de l'Anneau — Salut au Monde — Siegfried, trésor du monde.*

DRITTE SZENE

TROISIÈME SCÈNE

DIE FELSENHÖHLE

(Wie im Vorspiel)

Brünnhilde sitzt am Eingange des Steingemachs, in
stummem Sinnen Siegfrieds Ring betrachtend; von
(40) *wonniger Erinnerung überwältigt, bedeckt sie ihn mit*
Küssen. Ferner Donner lässt sich vernehmen, sie blickt
auf und lauscht. Dann wendet sie sich wieder zu dem
(41) *Ring. Ein feuriger Blitz. Sie lauscht von neuem und*
späht nach der Ferne, von woher eine finstre Gewitter-
wolke dem Felsensaume zuzieht.

BRÜNNHILDE

Altgewohntes Geräusch
raunt meinem Ohr die Ferne.
(41) Ein Luftross jagt
im Laufe daher;
auf der Wolke fährt es
wetternd zum Fels.
(41) Wer fand mich Einsame auf?

WALTRAUTES STIMME *(aus der Ferne).*

Brünnhilde! Schwester!
Schläfst oder wachst du?

BRÜNNHILDE *(fährt vom Sitze auf).*

(41) Waltrautes Ruf,

LE ROCHER DES WALKYRIES

(comme au prologue)

Brünnhilde est assise à l'entrée de la grotte et contemple silencieusement l'anneau de Siegfried, qu'elle couvre de baisers, tout à l'évocation de ses tendres souvenirs. De (40)
lointains roulements de tonnerre lui font lever les yeux et prêter l'oreille, mais elle se plonge de nouveau dans la (41)
contemplation de l'anneau. Un éclair fulgure. Elle écoute encore et scrute l'horizon d'où s'approchent de sombres nuées d'orage.

BRÜNNHILDE

Venu de loin, un bruit familier
frappe mon oreille...
Le galop ailé
d'un coursier...
Fendant les nuées,
il accourt fougueusement vers le rocher...
Qui m'a découverte dans ma solitude ?... (41)

VOIX DE WALTRAUTE *(au loin).*

Brünnhilde !... Sœur !...
Dors-tu ?... Veilles-tu ?...

BRÜNNHILDE *(se levant).*

L'appel de Waltraute !... (41)

so wonnig mir kund! *(In die Szene rufend.)*

(41) Kommst du, Schwester?
Schwingst dich kühn zu mir her?

(Sie eilt nach dem Felsrande.)

Dort im Tann
— dir noch vertraut —
steige vom Ross
und stell den Renner zur Rast!

(Sie stürmt in den Tann, von wo ein starkes Geräusch, gleich einem Gewitterschlage, sich vernehmen lässt. Dann kommt sie in heftiger Bewegung mit Waltraute zurück; sie bleibt freudig erregt, ohne Waltrautes ängstliche Scheu zu beachten.)

Kommst du zu mir?
Bist du so kühn,
magst ohne Grauen
Brünnhild' bieten den Gruss?

WALTRAUTE

Einzig dir nur
galt meine Eil'!

BRÜNNHILDE *(in höchster freudiger Aufgeregtheit).*

So wagtest du, Brünnhild' zulieb,
Walvaters Bann zu brechen?
Oder wie — o sag —
wär' wider mich
Wotans Sinn erweicht?
Als dem Gott entgegen
Siegmund ich schützte,
fehlend — ich weiss es —
erfüllt' ich doch seinen Wunsch.

Tant de doux souvenirs!...

(Criant vers le fond de la scène.)

Est-ce toi, sœur ?... (41)
Te hâtes-tu vaillamment vers moi ?...

(Elle se hâte vers l'arête du rocher.)

Dans le bois de sapins
qui t'est encore si familier,
mets pied à terre
et fais paître ton coursier!...

(Elle se précipite dans le bois, d'où s'élève un grand bruit, pareil à un coup de tonnerre. Dans une agitation violente, elle reparaît ensuite avec Waltraute. Dans sa joie, elle ne remarque pas la crainte et l'angoisse de sa sœur.)

Viens-tu à moi ?...
Es-tu si courageuse,
pour pouvoir sans épouvante
saluer Brünnhilde ?

WALTRAUTE

C'est vers toi seule
que je me suis hâtée!

BRÜNNHILDE *(avec une allégresse débordante).*

Tu as donc osé, par amour pour moi,
briser l'interdit du Père des batailles ?...
Ou bien, dis-moi,
les dispositions de Wotan
se seraient-elles radoucies à mon égard ?
Quand j'ai protégé Siegmund
contre le dieu,
malgré ma faute (je le sais),
c'est pourtant le vœu divin que j'ai accompli.

Dass sein Zorn sich verzogen,
weiss ich auch;
denn verschloss er mich gleich in Schlaf,
fesselt' er mich auf den Fels,
wies er dem Mann mich zur Magd,
der am Weg mich fänd' und erweckt', —
meiner bangen Bitte
doch gab er Gunst:
mit zehrendem Feuer
(16) umzog er den Fels,
dem Zagen zu wehren den Weg.
(68) So zur Seligsten
(69) schuf mich die Strafe:
(48) der herrlichste Held
gewann mich zum Weib!
(68) In seiner Liebe
leucht' und lach' ich heut' auf.

(Sie umarmt Waltraute, die mit scheuer Ungeduld abzu-
(41) (40) *wehren sucht.)*

Lockte dich, Schwester, mein Los?
An meiner Wonne
willst du dich weiden,
teilen, was mich betraf?

WALTRAUTE *(heftig).*

Teilen den Taumel,
der dich Törin erfasst?
Ein andres bewog mich in Angst,
zu brechen Wotans Gebot.

(Brünnhilde gewahrt hier erst Waltrautes wildaufgeregte Stimmung.)

BRÜNNHILDE

Angst und Furcht

Je sais également
que sa fureur s'est apaisée.
S'il m'a plongée dans le sommeil
et clouée sur ce rocher,
faisant de moi la servante de l'homme
qui me trouverait sur sa route et m'éveillerait,
il a pourtant accordé une faveur
à ma prière angoissée :
d'un feu dévorant,
il a encerclé le rocher, (16)
pour en interdire l'accès au lâche.
Et le châtiment m'a fait (68)
accéder au bonheur suprême : (69)
le héros le plus sublime (48)
m'a conquise comme épouse !...
Dans son amour, (68)
je ris et resplendis aujourd'hui !...

(Elle embrasse Waltraute, qui tente de se dérober avec une impatience mêlée de crainte.) (41) (40)

Mon sort te tente-t-il, sœur ?...
Veux-tu prendre part
à ma béatitude
et partager ce qui m'a frappée ?...

WALTRAUTE *(avec véhémence).*

Partager le délire
qui fait de toi une insensée ?...
C'est tout autre chose qui m'a poussée, dans l'angoisse,
à enfreindre l'ordre de Wotan !...

(Brünnhilde remarque enfin l'agitation fébrile de Waltraute.)

BRÜNNHILDE

L'angoisse et la peur

fesseln dich Arme ?
So verzieh der Strenge noch nicht ?
(43) Du zagst vor des Strafenden Zorn ?

WALTRAUTE *(düster)*.

Dürft' ich ihn fürchten,
(43) meiner Angst fänd' ich ein End'!

BRÜNNHILDE

Staunend versteh' ich dich nicht!

WALTRAUTE

Wehre der Wallung,
achtsam höre mich an!
Nach Walhall wieder
drängt mich die Angst,
die von Walhall hieher mich trieb.

BRÜNNHILDE *(erschrocken)*.

Was ist's mit den ewigen Göttern ?

WALTRAUTE

(43) Höre mit Sinn, was ich dir sage!
Seit er von dir geschieden,
zur Schlacht nicht mehr
(43) schickte uns Wotan;
irr und ratlos
ritten wir ängstlich zu Heer;
(43) Walhalls mutige Helden
mied Walvater.
(44) Einsam zu Ross,
,, ohne Ruh' noch Rast,
,, durchschweift' er als Wandrer die Welt.
(29) Jüngst kehrte er heim;
(27) in der Hand hielt er
(29) seines Speeres Splitter :

te paralysent-elles, infortunée ?...
Ainsi, l'Implacable n'a pas encore pardonné ?...
Tu as peur du courroux du justicier ?... (43)

WALTRAUTE *(sombre)*.

Puissé-je le craindre :
mon angoisse trouverait un terme! (43)

BRÜNNHILDE

Dans mon étonnement, je ne te comprends pas!...

WALTRAUTE

Maîtrise ton agitation :
écoute-moi attentivement!...
L'angoisse me rappelle impérieusement
au Walhalla :
l'angoisse qui m'a chassée du Walhalla vers toi!...

BRÜNNHILDE *(effrayée)*

Qu'est-il arrivé aux dieux éternels ?...

WALTRAUTE

Écoute, et réfléchis à ce que je vais te dire!... (43)
Depuis qu'il t'a quittée,
Wotan ne nous envoie plus
aux batailles : (43)
errante et sans directives,
notre cohorte chevauche dans l'angoisse...
Le maître du choix évite (43)
les vaillants héros du Walhalla...
Chevauchant solitaire, (44)
sans repos ni répit, ,,
il a sillonné le monde en Voyageur... ,,
Il est rentré tout récemment, (29)
tenant au poing (27)
les débris de sa lance : (29)

die hatte ein Held ihm geschlagen.
Mit stummem Wink
Walhalls Edle
wies er zum Forst,
(29) die Weltesche zu fällen.
(61) Des Stammes Scheite
” hiess er sie schichten
” zu ragendem Hauf
” rings um der Seligen Saal.
” (29) Der Götter Rat
” liess er berufen;
” den Hochsitz nahm
” heilig er ein :
” (29) ihm zu Seiten
” ” hiess er die Bangen sich setzen,
” in Ring und Reih'
(29) die Hall' erfüllen die Helden.
So sitzt er,
(46) sagt kein Wort,
auf hehrem Sitze
(46) stumm und ernst,
des Speeres Splitter
fest in der Faust;
(20) Holdas Äpfel
rührt er nicht an.
(29) Staunen und Bangen
” binden starr die Götter.
(26) Seine Raben beide
” sandt' er auf Reise :
kehrten die einst
mit guter Kunde zurück,
dann noch einmal,
zum letztenmal,
lächelte ewig der Gott.
(43) Seine Knie umwindend,
” liegen wir Walküren;

un héros la lui avait brisée...
Sans un mot, d'un geste,
il a envoyé dans la forêt
les preux du Walhalla
pour y abattre le frêne du monde... (29)
Il leur a ordonné de dresser (61)
le tronc réduit en bûches ’’
en un amoncellement imposant ’’
tout autour de l'enceinte sacrée... ’’
Il a convoqué ’’ (29)
le conseil des dieux ’’
et a pris place ’’
sur le trône divin, ’’
ordonnant à l'assemblée épouvantée de prendre place ’’
à ses côtés : ’’ (29)
en cercle, ’’
les héros remplissent l'enceinte... ’’ (29)
Il siège ainsi,
sans dire un mot, (46)
muet et grave,
sur le trône sublime, (46)
serrant dans son poing
les débris de la lance...
Il ne touche plus (20)
aux pommes de Holda...
Les dieux sont pétrifiés (29)
de stupeur et d'effroi... ’’
Il a envoyé aux informations (26)
ses deux corbeaux : ’’
s'ils pouvaient revenir
avec une bonne nouvelle,
alors, une fois encore,
une ultime fois,
le dieu sourirait à jamais!...
Quant à nous, walkyries, (43)
nous gisons à ses pieds, ’’

blind bleibt er
den flehenden Blicken;
uns alle verzehrt
(43) Zagen und endlose Angst.
An seine Brust
presst' ich mich weinend :
da brach sich sein Blick —
(54) er gedachte, Brünnhilde, dein!
" Tief seufzt' er auf,
schloss das Auge,
und wie im Traume
raunt' er das Wort :
(2) " Des tiefen Rheines Töchtern
(23) gäbe den Ring sie wieder zurück,
(17) von des Fluches Last
(29) erlöst wär' Gott und Welt! "
(43) Da sann ich nach :
von seiner Seite
durch stumme Reihen
stahl ich mich fort;
in heimlicher Hast
bestieg ich mein Ross
(41) und ritt im Sturme zu dir.
Dich, o Schwester,
beschwör ich nun :
was du vermagst,
vollend es dein Mut!
(43 Ende der Ewigen Qual!

(Sie hat sich vor Brünnhilde niedergeworfen.)

BRÜNNHILDE *(ruhig)*.

Welch banger Träume Mären
meldest du Traurige mir!
(29) Der Götter heiligem
Himmelsnebel

mais c'est comme s'il ne voyait pas
nos regards suppliants :
nous nous consumons
dans un découragement et une angoisse sans fin... (43)
Sur sa poitrine,
je me suis blottie, en larmes :
son regard s'est brouillé,
et c'est toi, Brünnhilde, qu'il a évoquée!... (54)
Avec un profond soupir, ”
il a fermé les yeux
et, comme dans un rêve,
il a murmuré ces mots :
« Si elle pouvait restituer l'anneau (2)
aux Filles du Rhin profond, (23)
le dieu et le monde seraient délivrés (17)
du fardeau de la malédiction!... » (29)
Après avoir réfléchi, (43)
je l'ai quitté
et me suis esquivée
en fendant les rangs de l'assemblée silencieuse :
en hâte, secrètement,
je suis montée à cheval
et j'ai chevauché impétueusement vers toi... (41)
O sœur,
je t'en conjure à présent,
que ton courage accomplisse
ce qu'il est en ton pouvoir de faire :
mets un terme aux tourments des éternels! (43)

(Elle se jette aux pieds de Brünnhilde.)

BRÜNNHILDE *(calmement)*.

Quel récit de cauchemar
m'as-tu fait, malheureuse!
De la sainte nuée, (29)
des célestes dieux,

bin ich Törin enttaucht:
nicht fass' ich, was ich erfahre.
Wirr und wüst
scheint mir dein Sinn;
in deinem Aug',
so übermüde,
glänzt flackernde Glut.
Mit blasser Wange,
du bleiche Schwester,
(2) was willst du Wilde von mir?

WALTRAUTE *(heftig)*.

" An deiner Hand, der Ring,
er ist's; hör meinen Rat:
für Wotan wirf ihn von dir!

BRÜNNHILDE

Den Ring? Von mir?

WALTRAUTE

Den Rheintöchtern gib ihn zurück!

BRÜNNHILDE

(2) Den Rheintöchtern, ich, den Ring?
(68) Siegfrieds Liebespfand?
Bist du von Sinnen?

WALTRAUTE

Hör mich, hör meine Angst!
Der Welt Unheil
haftet sicher an ihm.
Wirf ihn von dir,
fort in die Welle!
Walhalls Elend zu enden,
den verfluchten wirf in die Flut!

je me suis retranchée dans ma folie :
je ne comprends pas ce que je viens d'apprendre...
Ton récit me paraît
confus et embrouillé...
Dans ton regard
où se reflète une lassitude infinie,
brille une ardeur brûlante...
O pâle sœur
aux joues décolorées,
farouche, que veux-tu de moi ?... (2)

WALTRAUTE *(avec violence)*.

A ton doigt, l'anneau : ''
c'est de lui qu'il s'agit!... Suis mon conseil :
pour Wotan, jette-le loin de toi!...

BRÜNNHILDE

L'anneau ?... Loin de moi ?...

WALTRAUTE

Rends-le aux Filles du Rhin!

BRÜNNHILDE

Aux Filles du Rhin ?... Moi ?... L'anneau ?... (2)
Gage d'amour de Siegfried!... (68)
As-tu perdu la tête ?...

WALTRAUTE

Écoute-moi, écoute mon angoisse!...
Le désastre du monde
se trouve assurément en lui!...
Jette-le au loin
dans les flots!...
Pour mettre fin à la détresse du Walhalla,
jette l'anneau maudit dans le fleuve!...

BRÜNNHILDE

Ha, weisst du, was er mir ist?
Wie kannst du's fassen,
fühllose Maid!
Mehr als Walhalls Wonne,
mehr als der Ewigen Ruhm
ist mir der Ring:
ein Blick auf sein helles Gold,
ein Blitz aus dem hehren Glanz
gilt mir werter
als aller Götter
(67) ewig währendes Glück!
,, Denn selig aus ihm
leuchtet mir Siegfrieds Liebe:
(75) Siegfrieds Liebe!
O liess' sich die Wonne dir sagen!
(69) Sie — wahrt mir der Reif.
Geh hin zu der Götter
heiligem Rat!
Von meinem Ringe
raune ihnen zu:
(24) die Liebe liesse ich nie,
,, mir nähmen nie sie die Liebe,
(29) stürzt' auch in Trümmern
Walhalls strahlende Pracht!

WALTRAUTE

Dies deine Treue?
(17) So in Trauer
,, entlässest du lieblos die Schwester?

BRÜNNHILDE

Schwinge dich fort!
Fliege zu Ross!
Den Ring entführst du mir nicht!

BRÜNNHILDE

Ah! sais-tu ce qu'il est pour moi ?
Comment pourrais-tu le comprendre,
fille insensible ?...
L'anneau est pour moi
plus que la béatitude du Walhalla,
plus que la gloire des éternels!...
Un regard sur son or lumineux,
un éclair jailli de son éclat radieux,
valent plus pour moi
que le bonheur de tous les dieux
pour toute l'éternité!... (67)
C'est qu'il irradie sublimement pour moi ''
l'amour de Siegfried...
L'amour de Siegfried!... (75)
Oh! si ses délices pouvaient t'être révélées!
Ces délices, c'est l'anneau qui me les garde... (69)
Regagne la sainte assemblée
des dieux!...
A propos de mon anneau,
rapporte-leur ceci :
je n'abandonnerai pas l'amour (24)
et ils ne me l'enlèveront jamais,
même si la splendeur radieuse du Walhalla (29)
doit tomber en ruines!...

WALTRAUTE

Est-ce là ta fidélité ?...
Abandonnes-tu égoïstement ainsi (17)
ta sœur dans son deuil ?... ''

BRÜNNHILDE

Hâte-toi de partir!...
Vole à cheval!...
Tu ne m'enlèveras pas l'anneau!...

WALTRAUTE

(26) Wehe! Wehe!
Weh dir, Schwester!
Walhalls Göttern weh!

(Sie stürzt fort. Bald erhebt sich unter Sturm eine Gewitterwolke aus dem Tann.)

BRÜNNHILDE *(während sie der davonjagenden, hell*
(41) (40) *erleuchteten Gewitterwolke, die sich bald gänzlich in der Ferne verliert, nachblickt).*

,, Blitzend Gewölk,
,, vom Wind getragen,
,, stürme dahin:
zu mir nie steure mehr her!

(Es ist Abend geworden. Aus der Tiefe leuchtet der Feuerschein allmählich heller auf. Brünnhilde blickt ruhig in die Landschaft hinaus.)

(53) Abendlich Dämmern
,, deckt den Himmel;
,, heller leuchtet
die hütende Lohe herauf.

(16) *(Der Feuerschein nähert sich aus der Tiefe. Immer glühendere Flammenzungen lecken über den Felsensaum auf.)*

,, Was leckt so wütend
,, die lodernde Welle zum Wall?
Zur Felsenspitze
wälzt sich der feurige Schwall.

(48) *(Man hört aus der Tiefe Siegfrieds Hornruf nahen. Brünnhilde lauscht und fährt entzückt auf.)*

(55) (53) Siegfried!

WALTRAUTE

Hélas!... Hélas!... (26)
Malheur à toi, sœur!...
Malheur aux dieux du Walhalla!...

(Elle se précipite vers le bois de sapins, d'où s'élève bientôt, dans la tempête, une nuée d'orage.)

BRÜNNHILDE *(suivant des yeux la nuée zébrée d'éclairs qui se perd rapidement dans le lointain).* (41) (40)

Nuée fulgurante ,,
portée par le vent, ,,
rue-toi tumultueusement au loin : ,,
ne te dirige plus jamais par ici!... ,,

(Le soir est tombé. Dans la vallée, les reflets des flammes deviennent graduellement plus vifs. Brünnhilde contemple paisiblement le paysage.) (53)

Le crépuscule ,,
enténèbre le ciel : ,,
les flammes protectrices
brillent avec plus d'éclat ...

(L'éclat du feu se rapproche : des flammes de plus en plus brillantes viennent lécher le bord du rocher.) (16)

Pourquoi les ondes de feu ,,
s'avancent-elles si furieusement vers mon rempart ?... ,,
Vers la cime du rocher,
le torrent de flammes roule ses ondes!...

(De la vallée, montent les fanfares du cor de Siegfried. Brünnhilde écoute et se lève brusquement dans un grand transport d'enthousiasme.) (48)

Siegfried!... (55) (53)

Siegfried zurück?
(55) Seinen Ruf sendet er her!
Auf! — Auf! Ihm entgegen!
In meines Gottes Arm!

(48) *(Sie eilt in höchstem Entzücken dem Felsrande zu.*
Feuerflammen schlagen herauf: aus ihnen springt Sieg-
(55) *fried auf einen hochragenden Felsstein empor, worauf*
die Flammen sogleich wieder zurückweichen und aber-
mals nur aus der Tiefe heraufleuchten. Siegfried, auf
dem Haupte den Tarnhelm, der ihm bis zur Hälfte das
Gesicht verdeckt und nur die Augen freilässt, erscheint
in Gunthers Gestalt.)

BRÜNNHILDE *(voll Entsetzen zurückweichend).*

(77) (14) Verrat! — Wer drang zu mir?

(81) *(Sie flieht bis in den Vordergrund und heftet in sprach-*
losem Erstaunen ihren Blick auf Siegfried.)

SIEGFRIED *(im Hintergrunde auf dem Steine ver-*
(78) *weilend, betrachtet sie lange, regungslos auf seinen*
Schild gelehnt; dann redet er sie mit verstellter —
tieferer — Stimme an).

(14) Brünnhild'! Ein Freier kam,
den dein Feuer nicht geschreckt.
(81) Dich werb' ich nun zum Weib:
(78) du folge willig mir!

BRÜNNHILDE *(heftig zitternd).*

Wer ist der Mann,
der das vermochte,
(14) was dem Stärksten nur bestimmt?

SIEGFRIED *(unverändert wie zuvor.)*

(81) Ein Helde, der dich zähmt,

Siegfried revient ?...
C'est son salut qu'il m'envoie là!... (55)
Debout!... Allons!... A sa rencontre!...
Dans les bras de mon dieu!... (48)

(Dans une grande exaltation, elle se hâte vers le bord du rocher. D'un jaillissement de flammes, Siegfried surgit et saute sur une haute roche, d'où les flammes se retirent aussitôt pour reculer vers la vallée. Le visage recouvert par le heaume magique qui ne laisse que les yeux à découvert, Siegfried a pris les apparences extérieures de Gunther.) (55)

BRÜNNHILDE *(reculant avec épouvante).*

Trahison!... Qui a pu se frayer un chemin jusqu'à [moi ?... (77) (14)

(Elle se réfugie sur le devant de la scène et contemple Siegfried avec une stupeur muette.) (81)

SIEGFRIED *(toujours au fond de la scène, appuyé sur son bouclier et sans un mouvement, il regarde longuement Brünnhilde, puis il s'adresse à elle, d'une voix contrefaite et plus grave.)* (78)

Brünnhilde! Un prétendant est venu, (14)
qui n'a pas eu peur de ton rempart de feu...
Je te prends à présent pour femme : (81)
suis-moi de bon gré!... (78)

BRÜNNHILDE *(avec un tremblement violent).*

Quel est l'homme
qui a pu faire
ce qui n'était réservé qu'au plus fort de tous ?... (14)

SIEGFRIED *(comme précédemment).*

Un héros, qui te domptera, (81)

(78) bezwingt Gewalt dich nur.

BRÜNNHILDE *(von Grausen erfasst).*

(26) Ein Unhold schwang sich
auf jenen Stein!
Ein Aar kam geflogen,
mich zu zerfleischen!
Wer bist du, Schrecklicher?

(Langes Schweigen.)

(14) Stammst du von Menschen?
Kommst du von Hellas
(81) nächtlichem Heer?

SIEGFRIED *(wie zuvor, mit etwas bebender Stimme beginnend, alsbald aber wieder sicherer fortfahrend).*

Ein Gibichung bin ich,
(78) und Gunther heisst der Held,
dem, Frau, du folgen sollst.

BRÜNNHILDE *(in Verzweiflung ausbrechend).*

Wotan! Ergrimmter,
grausamer Gott!
Weh! Nun erseh' ich
der Strafe Sinn;
(26) zu Hohn und Jammer
(77) (14) jagst du mich hin!

SIEGFRIED *(springt vom Stein herab und tritt näher heran).*

Die Nacht bricht an:
(81) in deinem Gemach
" musst du dich mir vermählen!

BRÜNNHILDE *(indem sie den Finger, an dem sie Siegfrieds Ring trägt, drohend ausstreckt).*

(2) Bleib fern! Fürchte dies Zeichen!

si seule la violence peut te maîtriser!... (78)

BRÜNNHILDE *(saisie d'épouvante).*

C'est un démon qui a surgi
sur cette pierre!... (26)
Un aigle a volé jusqu'ici
pour me déchiqueter!...
Qui es-tu, apparition redoutable ?...

(Long silence.)

Es-tu d'essence humaine ?... (14)
Ou viens-tu des sombres
légions de Hella ?... (81)

SIEGFRIED *(comme précédemment, d'une voix d'abord tremblante, mais qui se raffermira très vite).*

Je suis un Gibichung :
Gunther est le nom du héros (78)
que tu vas suivre, ô femme...

BRÜNNHILDE *(donnant libre cours à son désespoir).*

Wotan, dieu furieux
et barbare!...
Hélas! je comprends à présent
le sens du châtiment :
tu m'as livrée (26)
à l'insulte et à la détresse!... (77) (14)

SIEGFRIED *(saute de la roche et s'approche de Brünnhilde).*

La nuit est tombée :
tu dois m'épouser (81)
dans ton logis!... ''

BRÜNNHILDE *(menaçant l'arrivant du doigt auquel brille l'anneau de Siegfried).*

N'approche pas!... Redoute ce signe!... (2)

Zur Schande zwingst du mich nicht,
(21) solang der Ring mich beschützt.

SIEGFRIED

(28) Mannesrecht gebe er Gunther,
,, durch den Ring sei ihm vermählt!

BRÜNNHILDE

Zurück, du Räuber!
(2) Frevelnder Dieb!
Erfreche dich nicht, mir zu nahn!
Stärker als Stahl
macht mich der Ring:
nie — raubst du ihn mir!

SIEGFRIED

(17) Von dir ihn zu lösen,
,, lehrst du mich nun!

(Er dringt auf sie ein; sie ringen miteinander. Brünnhilde windet sich los, flieht und wendet sich um, wie
(26) *zur Wehr. Siegfried greift sie von neuem an. Sie flieht,*
(40) *er erreicht sie. Beide ringen heftig miteinander. Er fasst sie bei der Hand und entzieht ihrem Finger den Ring.*
(17) *Sie schreit heftig auf. Als sie wie zerbrochen in seinen*
(75) *Armen niedersinkt, streift ihr Blick bewusstlos die Augen*
(14) *Siegfrieds.)*

SIEGFRIED *(lässt die Machtlose auf die Steinbank vor dem Felsengemach niedergleiten).*

(81) Jetzt bist du mein,
Brünnhilde, Gunthers Braut —
gönne mir nun dein Gemach!

BRÜNNHILDE *(starrt ohnmächtig vor sich hin, matt).*

(28) Was könntest du wehren,
(75) elendes Weib!

Tu ne me contraindras pas à l'infamie,
aussi longtemps que l'anneau me protégera !... (21)

SIEGFRIED

Qu'il donne droit d'époux à Gunther : (28)
deviens sa femme par cet anneau!... ” ”

BRÜNNHILDE

Arrière, bandit!...
Voleur criminel!... (2)
N'aie pas le front de m'approcher!...
L'anneau me rend
plus forte que l'acier :
jamais, tu ne me le voleras!...

SIEGFRIED

Voici que tu m'obliges (17)
à te l'arracher!... ” ”

(Siegfried s'élance sur elle, et ils luttent. Brünnhilde se dégage, s'enfuit et se retourne pour lui faire face. Siegfried la saisit de nouveau : elle lui échappe, il la rattrape, et c'est derechef un combat implacable. Il la saisit par la main et lui arrache l'anneau du doigt. Elle pousse un cri déchirant. Comme anéantie, elle s'affaisse dans les bras de Siegfried, et son regard croise celui de son assaillant.) (26) (40) (17) (75) (14)

SIEGFRIED *(laisse glisser Brünnhilde, inerte, sur le banc de pierre devant la caverne creusée dans le roc).*

Te voici mienne à présent : (81)
Brünnhilde, épouse de Gunther,
donne-moi accès à ton logis!... (28)

BRÜNNHILDE *(épuisée, le regard fixe).* (75)

Que pourrais-tu empêcher,
infortunée!...

(Siegfried treibt sie mit einer gebietenden Bewegung
(28) *an. Zitternd und wankenden Schrittes geht sie in das Gemach.)*

(83) SIEGFRIED *(das Schwert ziehend — mit seiner natürlichen Stimme).*

(13) (27) Nun, Notung, zeuge du,
(79) dass ich in Züchten warb.
Die Treue wahrend dem Bruder,
(13) (14) trenne mich von seiner Braut!

(81) (75) (83) *(Er folgt Brünnhilde nach. Der Vorhang fällt.)*

(D'un geste menaçant, Siegfried la force à se relever. En tremblant, d'un pas chancelant, elle pénètre dans la caverne.) (28)

SIEGFRIED *(dégainant son glaive et reprenant sa voix naturelle).* (83) (77) (13) (27)

A présent, Notung, atteste
que j'ai agi en toute loyauté : (79)
défendant la fidélité due au frère d'armes,
sépare-moi de sa femme !... (13) (14)

(Il rejoint Brünnhilde. Le rideau tombe.) (81) (75) (83)

ZWEITER AUFZUG

DEUXIÈME ACTE

ORCHESTERVORSPIEL

Leitmotive : *Nibelungenhass - Wehe - Ring - Goldherrschaft.*

UFERRAUM

Vor der Halle der Gibichungen; rechts der offene Eingang zur Halle; links das Rheinufer; von diesem aus erhebt sich eine durch verschiedene Bergpfade gespaltene, felsige Anhöhe quer über die Bühne, nach rechts dem Hintergrunde zu aufsteigend. Dort sieht man einen der Fricka errichteten Weihstein, welchem höher hinauf ein grösserer für Wotan, sowie seitwärts ein gleicher dem Donner geweihter entspricht. Es ist Nacht.

PRÉLUDE ORCHESTRAL

Leitmotivs : *Travail de Destruction des Nibelungen — Servitude — Anneau — Puissance d'Alberich.*

UN SITE AU BORD DU RHIN

Devant le palais des Gibichungen. A droite, l'entrée ouverte du palais. A gauche, le rivage du Rhin d'où s'élève, en travers de la scène, une éminence rocheuse sillonnée de sentiers conduisant vers la droite, au fond de la scène, où l'on voit une sorte d'autel dédié à Fricka, et un autre à Donner. Au milieu, plus grande et plus élevée, une pierre consacrée à Wotan. C'est la nuit.

ERSTE SZENE

PREMIÈRE SCÈNE

Hagen, den Speer im Arm, den Schild zur Seite, sitzt schlafend an einen Pfosten der Halle gelehnt. Der Mond wirft plötzlich ein grelles Licht auf ihn und seine nächste Umgebung; man gewahrt Alberich vor Hagen kauernd,
(2) *die Arme auf dessen Knie gelehnt.*

ALBERICH *(leise).*

(28) Schläfst du, Hagen, mein Sohn ?
,, Du schläfst und hörst mich nicht,
,, den Ruh und Schlaf verriet ?

HAGEN *(leise, ohne sich zu rühren, so dass er immerfort zu schlafen scheint, obwohl er die Augen offen hat).*

Ich höre dich, schlimmer Albe :
was hast du meinem Schlaf zu sagen ?

ALBERICH

(2) Gemahnt sei der Macht,
,, der du gebietest,
bist du so mutig,
(23) wie die Mutter dich mir gebar!

HAGEN *(immer wie zuvor).*

(28) Gab mir die Mutter Mut,
,, nicht mag ich ihr doch danken,

Hagen, tenant sa lance, le bouclier à son côté, est assis et sommeille, appuyé contre un pilier du palais. La lune jette soudain une vive lumière sur lui et sur ce qui l'environne immédiatement : on distingue Alberich accroupi aux pieds de Hagen, sur les genoux duquel il appuie les bras. (2)

ALBERICH *(à voix basse).*

Dors-tu, Hagen, mon fils ?... (28)
Tu dors et tu ne m'entends pas, ,,
moi que désertent le repos et le sommeil ?...

HAGEN *(à voix basse, sans un mouvement : il semble toujours dormir, bien qu'il ait ouvert les yeux).*

Je t'entends, gnome sinistre :
qu'as-tu à dire à mon sommeil ?...

ALBERICH

Souviens-toi de la puissance (2)
à laquelle tu commandes, ,,
si tu uses de ce courage
que ta mère te donna en te mettant au monde! (23)

HAGEN *(comme précédemment).*

Si ma mère me donna du courage, (28)
je ne puis guère lui être reconnaissant

dass deiner List sie erlag :
frühalt, fahl und bleich,
hass' ich die Frohen,
(23) freue mich nie!

ALBERICH *(wie zuvor).*

(28) Hagen, mein Sohn!
" Hasse die Frohen!
" Mich Lustfreien,
Leidbelasteten
liebst du so, wie du sollst!
Bist du kräftig,
kühn und klug :
die wir bekämpfen
mit nächtigem Krieg,
schon gibt ihnen Not unser Neid.
Der einst den Ring mir entriss,
Wotan, der wütende Räuber,
(28) vom eignen Geschlechte
" ward er geschlagen :
(13) an den Wälsung verlor er
" Macht und Gewalt;
(29) mit der Götter ganzer Sippe
" in Angst ersieht er sein Ende.
(28) Nicht ihn fürcht' ich mehr :
" fallen muss er mit allen!
Schläfst du, Hagen, mein Sohn ?

HAGEN *(unverändert wie zuvor).*

Der Ewigen Macht,
wer erbte sie ?

ALBERICH

(84) Ich — und du!
Wir erben die Welt,
trüg' ich mich nicht

d'avoir cédé à ta ruse :
prématurément vieux, flétri et blême,
tout en haïssant ceux qui sont joyeux,
je ne suis jamais heureux!... (23)

ALBERICH *(comme précédemment)*.

Hagen, mon fils, (28)
déteste ceux qui sont joyeux!... ,,
C'est ainsi que tu m'aimes comme tu le dois,
moi qui vis sans plaisir
et accablé de tristesse!...
Tu es fort,
vaillant et avisé :
notre haine plonge déjà dans la détresse
ceux que nous poursuivons
de notre hostilité sournoise...
Celui qui m'arracha jadis l'anneau,
Wotan, le voleur forcené,
a été frappé (28)
par sa propre lignée : ,,
au profit du Wälsung, il a perdu (13)
sa puissance et sa domination,
et il attend anxieusement sa fin (29)
avec toute la horde des dieux...
Je ne le crains plus : (28)
il doit périr avec eux tous!... ,,
Dors-tu, Hagen, mon fils ?...

HAGEN *(comme précédemment)*.

La puissance des éternels,
qui va en hériter ?...

ALBERICH

Moi!... Et toi!... (84)
Le monde est à nous,
si je puis compter

in deiner Treu',
teilst du meinen Gram und Grimm.
Wotans Speer
zerspellte der Wälsung,
der Fafner, den Wurm,
im Kampfe gefällt
und kindisch den Reif sich errang.
Jede Gewalt
hat er gewonnen;
Walhall und Nibelheim
neigen sich ihm.

(Immer heimlich.)

An dem furchtlosen Helden
erlahmt selbst mein Fluch:
denn nicht kennt er
des Ringes Wert,
zu nichts nützt er
die neidlichste Macht.
(55) Lachend in liebender Brunst,
brennt er lebend dahin.
(77) Ihn zu verderben,
(23) taugt uns nun einzig!
Schläfst du, Hagen, mein Sohn?

HAGEN *(wie zuvor)*.

(77) Zu seinem Verderben
(84) dient er mir schon.

ALBERICH

” Den goldnen Ring,
den Reif gilt's zu erringen!
Ein weises Weib
lebt dem Wälsung zu Lieb':
(28) riet es ihm je
(8) des Rheines Töchtern,

sur ta fidélité,
si tu partages mon amertume et ma fureur...
La lance de Wotan
a volé en éclats sous les coups du Wälsung
qui avait tué au combat
Fafner, le dragon,
et s'était emparé ingénûment de l'anneau...
Il a conquis
un pouvoir absolu :
le Walhalla et Nibelheim
s'inclinent devant lui...

(Toujours avec mystère.)

Contre le héros sans peur,
mon anathème même est impuissant,
car il ne connaît pas
la valeur de l'anneau :
il n'utilise en rien
la plus enviable des puissances.
Il consume sa vie (55)
en riant dans ses ardeurs amoureuses...
La seule chose qui puisse nous servir, (77)
c'est de le perdre !... (23)
Dors-tu, Hagen, mon fils ?... (28)

HAGEN *(comme précédemment)*.

Il m'aide déjà (77)
à consommer sa perte... (84)

ALBERICH

Il faut conquérir le cercle, ’’
l'anneau d'or...
Une femme avisée
vit pour l'amour du Wälsung :
si elle devait jamais lui conseiller (28)
de restituer l'anneau (8)

die in Wassers Tiefen
einst mich betört,
zurückzugeben den Ring,
verloren ging' mir das Gold,
(84) keine List erlangte es je.
Drum, ohne Zögern
ziel auf den Reif!
(28) Dich Zaglosen
" zeugt' ich mir ja,
" dass wider Helden
hart du mir hieltest.
Zwar stark nicht genug,
den Wurm zu bestehn,
(13) was allein dem Wälsung bestimmt,
(84) zu zähem Hass doch
" erzog ich Hagen,
" der soll mich nun rächen,
den Ring gewinnen
(29) dem Wälsung und Wotan zum Hohn!
Schwörst du mir's, Hagen, mein Sohn?

(Von hier an bedeckt ein immer finsterer werdender Schatten wieder Alberich. Zugleich beginnt das erste Tagesgrauen.)

HAGEN *(immer wie zuvor).*

(28) Den Ring soll ich haben:
" harre in Ruh'!

ALBERICH

Schwörst du mir's, Hagen, mein Held?

HAGEN

(17) Mir selbst schwör' ich's;
" schweige die Sorge!

aux Filles du Rhin
qui, dans les profondeurs des flots,
m'ont séduit jadis,
l'or serait alors perdu pour moi,
et nulle ruse ne me l'obtiendrait plus!... (84)
Donc, sans relâche,
que l'anneau soit ton but!...
Je t'ai voulu pour fils (28)
plein de résolution, ,,
afin que tu tiennes ferme
contre les héros...
N'étant pas assez fort
pour venir à bout du dragon
(c'était réservé au seul Wälsung),
j'ai pourtant élevé Hagen (84)
dans une haine opiniâtre ,,
pour qu'il me venge ,,
et conquière l'anneau
en dépit du Wälsung et de Wotan!... (29)
Me le jures-tu, Hagen, mon fils ?...

(Une ombre croissante dissimule Alberich. En même temps, le jour commence à poindre.)

HAGEN *(toujours comme précédemment).*

J'aurai l'anneau : (28)
attends en paix!... ,,

ALBERICH

Me le jures-tu, Hagen, mon héros ?... ,,

HAGEN

Je me le jure à moi-même : (17)
trêve à tes soucis!...

ALBERICH *(wie er allmählich immer mehr dem Blicke entschwindet, wird auch seine Stimme immer unvernehmbarer).*

Sei treu, Hagen, mein Sohn!
Trauter Helde! — Sei treu!
(26) Sei treu! — Treu!

(Alberich ist gänzlich verschwunden. Hagen, der unverändert in seiner Stellung verblieben, blickt regungslos und starren Auges nach dem Rheine hin, auf welchem sich die Morgendämmerung ausbreitet. Der Rhein färbt sich immer stärker vom erglühenden Morgenrot.)

ALBERICH *(sa voix se fait de moins en moins perceptible, à mesure qu'il disparaît aux regards).*

Sois fidèle, Hagen, mon fils!...
Héros bien-aimé!... Sois fidèle!...
Sois fidèle!... Fidèle!... (26)

(Alberich a disparu. Demeuré constamment dans la même attitude, Hagen contemple d'un regard fixe le Rhin sur lequel grandissent les clartés de l'aube. Le fleuve se colore des reflets de plus en plus lumineux de l'aurore.)

ZWEITE SZENE

DEUXIÈME SCÈNE

(14) *Hagen macht eine zuckende Bewegung. Siegfried tritt plötzlich, dicht am Ufer, hinter einem Busche hervor.*
(55) *Er ist in seiner eigenen Gestalt; nur den Tarnhelm hat er noch auf dem Haupte. Er zieht ihn jetzt ab und hängt ihn, während er hervorschreitet, in den Gürtel.*

SIEGFRIED

Hoiho, Hagen!
Müder Mann!
Siehst du mich kommen?

HAGEN *(gemächlich sich erhebend).*

Hei, Siegfried?
Geschwinder Helde?
(16) Wo brausest du her?

SIEGFRIED

,, Vom Brünnhildenstein!
Dort sog ich den Atem ein,
mit dem ich dich rief:
(55) so rasch war meine Fahrt!
,, Langsamer folgt mir ein Paar:
zu Schiff gelangt das her!

HAGEN

So zwangst du Brünnhild'?

Hagen tressaille brusquement. Siegfried surgit tout-à-coup, tout près de la rive, derrière un buisson. Il a repris sa propre stature, mais il a encore le heaume (14)
magique sur le front. Il le retire et l'accroche à sa (55)
ceinture, tout en se rapprochant.

SIEGFRIED

Hoïho!... Hagen!...
Homme recru de fatigue!...
Me vois-tu arriver ?...

HAGEN *(se levant paisiblement).*

Hé! Siegfried ?...
Héros impétueux!...
D'où viens-tu avec cette fougue ?... (16)

SIEGFRIED

Du rocher de Brünnhilde!... ''
J'en viens
sans avoir repris haleine,
tant ma course fut rapide!... (55)
Le couple me suit plus lentement : ''
il arrive en barque!...

HAGEN

Es-tu donc venu à bout de Brünnhilde ?...

SIEGFRIED

(79) Wacht Gutrune?

HAGEN *(in die Halle rufend).*

" Hoiho, Gutrune,
" komm heraus!
(16) Siegfried ist da:
was säumst du drin?

SIEGFRIED *(zur Halle sich wendend).*

(85) Euch beiden meld 'ich,
wie ich Brünnhild' band.

(Gutrune tritt ihm aus der Halle entgegen.)

SIEGFRIED

Heiss mich willkommen,
Gibichskind!
Ein guter Bote bin ich dir.

GUTRUNE

(85) Freia grüsse dich
zu aller Frauen Ehre!

SIEGFRIED

Frei und hold
sei nun mir Frohem:
zum Weib gewann ich dich heut.

GUTRUNE

So folgt Brünnhild' meinem Bruder?

SIEGFRIED

Leicht ward die Frau ihm gefreit.

SIEGFRIED

Gutrune veille-t-elle ?... (79)

HAGEN *(appelant vers le palais).*

Hoïho!... Gutrune!...
Viens donc!...
Siegfried est là : (16)
pourquoi tardes-tu ?...

SIEGFRIED *(se tournant vers le palais).*

Je vais vous dire à tous deux
comment j'ai maîtrisé Brünnhilde... (85)

(Gutrune sort du palais et va à la rencontre de Siegfried.)

SIEGFRIED

Souhaite-moi la bienvenue,
fille de Gibich!...
Je suis un messager propice...

GUTRUNE

Que Freia te bénisse
pour l'honneur de toutes les femmes! (85)

SIEGFRIED

Sois à présent libre et favorable
à ma joie :
je t'ai conquise pour femme aujourd'hui!...

GUTRUNE

Brünnhilde suit donc mon frère ?

SIEGFRIED

Les accordailles ont eu lieu sans difficultés...

GUTRUNE

Sengte das Feuer ihn nicht ?

SIEGFRIED

Ihn hätt' es auch nicht versehrt,
doch ich durchschritt es für ihn,
(85) da dich ich wollt' erwerben.

GUTRUNE

Und dich hat es verschont ?

SIEGFRIED

(14) (16) Mich freute die schwebende Brunst.

GUTRUNE

Hielt Brünnhild' dich fur Gunther ?

SIEGFRIED

Ihm glich ich auf ein Haar :
der Tarnhelm wirkte das,
wie Hagen tüchtig es wies.

HAGEN

Dir gab ich guten Rat.

GUTRUNE

So zwangst du das kühne Weib ?

SIEGFRIED

(78) Sie wich — Gunthers Kraft.

GUTRUNE

Und vermählte sie sich dir ?

SIEGFRIED

Ihrem Mann gehorchte Brünnhild'

GUTRUNE

Le feu ne l'a-t-il pas brûlé ?...

SIEGFRIED

Il l'aurait sans doute épargné,
mais je l'ai traversé à sa place,
puisque j'aspirais à ta main... (85)

GUTRUNE

Le feu ne t'a-t-il pas fait de mal ?...

SIEGFRIED

Son ardeur me comblait de joie!... (14) (16)

GUTRUNE

Brünnhilde t'a-t-elle pris pour Gunther ?...

SIEGFRIED

Je lui ressemblais trait pour trait,
et cela grâce au heaume magique,
comme Hagen l'avait prévu...

HAGEN

Mon conseil était bon...

GUTRUNE

Tu as donc maîtrisé l'intrépide créature ?...

SIEGFRIED

C'est à la force de Gunther qu'elle a cédé!... (78)

GUTRUNE

Mais c'est à toi qu'elle s'est unie ?...

SIEGFRIED

Brünnhilde a été soumise à son mari

eine volle bräutliche Nacht.

GUTRUNE

(81) Als ihr Mann doch galtest du?

SIEGFRIED

(79) Bei Gutrune weilte Siegfried.

GUTRUNE

Doch zur Seite war ihm Brünnhild'?

SIEGFRIED *(auf sein Schwert deutend).*

(83) (13) (27) Zwischen Ost und West der Nord:
so nah — war Brünnhild' ihm fern.

GUTRUNE

Wie empfing Gunther sie nun von dir?

SIEGFRIED

(16) Durch des Feuers verlöschende Lohe,
,, im Frühnebel vom Felsen
,, folgte sie mir zu Tal;
,, dem Strande nah,
flugs die Stelle
(14) tauschte Gunther mit mir;
,, durch des Geschmeides Tugend
(55) wünscht' ich mich schnell hieher.
Ein starker Wind nun treibt
die Trauten den Rhein herauf:
(79) drum rüstet jetzt den Empfang!

GUTRUNE

Siegfried, mächtigster Mann!
(81) Wie fasst mich Furcht vor dir!

pendant toute une nuit nuptiale!...

GUTRUNE

Mais, en fait, c'est toi qui étais son mari ?... (81)

SIEGFRIED

C'est auprès de Gutrune que Siegfried se trouvait!... (79)

GUTRUNE

Mais c'est Brünnhilde qui était à ses côtés ?...

SIEGFRIED *(montrant son glaive).*

Entre l'est et l'ouest, le nord : (83) (13) (27)
bien que si proche, Brünnhilde lui resta pourtant loin-
[taine!...

GUTRUNE

Comment Gunther la reçut-il de tes mains ?...

SIEGFRIED

A travers les flammes mourantes, (16)
dans les brumes matinales, elle me suivit ,,
du rocher à la vallée...
Près du rivage,
prestement, Gunther
changea de place avec moi. (14)
Par la vertu du heaume, ,,
je fis le vœu d'être rapidement ici... (55)
Un vent vif pousse à présent
les amants sur le Rhin vers nos parages :
faites donc les préparatifs d'accueil!... (79)

GUTRUNE

Siegfried, héros tout-puissant!... (81)
je suis prise de crainte pour toi!...

HAGEN *(von der Höhe im Hintergrunde den Fluss hinabspähend).*

In der Ferne seh' ich ein Segel.

SIEGFRIED

So sagt dem Boten Dank!

GUTRUNE

Lasset uns sie hold empfangen,
dass heiter sie und gern hier weile!
(85) Du, Hagen, minnig
" rufe die Mannen
nach Gibichs Hof zur Hochzeit!
(79) Frohe Frauen
" ruf' ich zum Fest :
(85) der Freudigen folgen sie gern.

(Nach der Halle schreitend, wendet sie sich wieder um.)

Rastest du, schlimmer Held ?

SIEGFRIED

Dir zu helfen, ruh' ich aus.

(Er reicht ihr die Hand und geht mit ihr in die Halle.)

HAGEN *(scrutant l'horizon, d'une hauteur).*

Au loin, je vois une voile!...

SIEGFRIED

Dès lors, remerciez le messager!...

GUTRUNE

Recevons dignement Brünnhilde,
pour qu'elle soit heureuse de se trouver ici!...
Toi, Hagen, donne (85)
aux vassaux
le signal des noces au palais de Gibich!...
Je convoque à la fête (79)
de joyeuses femmes, ”
heureuses de partager mon bonheur... (85)

(Se dirigeant vers le palais, elle se retourne.)

Prendras-tu un peu de repos, héros inquiétant ?...

SIEGFRIED

Je me reposerai en t'aidant!...

(Il tend la main à Gutrune et gagne le palais avec elle.)

DRITTE SZENE

TROISIÈME SCÈNE

HAGEN *(hat einen Felsstein in der Höhe des Hintergrundes erstiegen; dort setzt er, der Landseite zugewendet, sein Stierhorn zum Blasen an).*

(26) Hoiho! Hoihohoho!
Ihr Gibichsmannen,
machet euch auf!
(85) Wehe! Wehe!
,, Waffen! Waffen!
Waffen durchs Land!
Gute Waffen!
Starke Waffen,
(78) scharf zum Streit.
(5) Not ist da!
(26) Not! Wehe! Wehe!
,, Hoiho! Hoihohoho!

(Hagen bleibt immer in seiner Stellung auf der Anhöhe. Er bläst abermals. Aus verschiedenen Gegenden vom Lande her antworten Heerhörner. Auf den verschiedenen Höhenpfaden stürmen in Hast und Eile gewaffnete Mannen herbei, erst einzelne, dann immer mehrere zusammen, welche sich dann auf dem Uferraum vor der Halle anhäufen.)

DIE MANNEN *(erst einzelne, dann immer neu hinzukommende).*

Was tost das Horn ?

HAGEN *(Il est monté sur une roche élevée, au fond de la scène : il souffle dans sa trompe en direction de l'intérieur des terres.)*

Hoïho! Hoïohohoho!... (26)
Vassaux de Gibich,
mettez-vous en route!...
Malheur!... Malheur!...
Des armes!... Des armes!... (85)
Des armes à travers tout le pays!... ''
De bonnes armes,
de fortes armes,
tranchantes pour le combat!... (78)
Le danger est imminent!... (5)
Danger!... Malheur!... Malheur!... (26)
Hoïho! Hoïhohoho!...

(Hagen reste dans la même position sur la hauteur. Il sonne de nouveaux appels de trompe, et, de différents points des environs, des cors lui répondent. Par tous les sentiers, se précipitent des hommes en armes de plus en plus nombreux : ils se massent sur le rivage devant le palais.)

LES VASSAUX *(quelques-uns d'abord, puis de plus en plus nombreux).*

Pourquoi ce vacarme ?...

Was ruft es zu Heer?
Wir kommen mit Wehr,
wir kommen mit Waffen!
Hagen! Hagen!
Hoiho! Hoiho!
Welche Not ist da?
Welcher Feind ist nah?
Wer gibt uns Streit?
(78) Ist Gunther in Not?
Wir kommen mit Waffen,
mit scharfer Wehr.
Hoiho! Ho! Hagen!

(85) HAGEN *(immer von der Anhöhe herab).*

Rüstet euch wohl
und rastet nicht;
Gunther sollt ihr empfahn:
ein Weib hat der gefreit.

DIE MANNEN

Drohet ihm Not?
Drängt ihn der Feind?

HAGEN

Ein freisliches Weib
führet er heim.

DIE MANNEN

Ihm folgen der Magen
feindliche Mannen?

HAGEN

Einsam fährt er:
keiner folgt.

Pourquoi cet appel aux armes ?...
Nous voici pour la défense !...
Nous voici avec nos armes !...
Hagen !... Hagen !...
Hoïho !... Hoïho !...
Quel danger menace ?...
Quel ennemi approche ?...
Qui nous combat ?...
Gunther est-il en danger ?... (78)
Nous voici avec nos armes
bien affilées pour la défense !...
Hoïho ! Ho ! Hagen !...

HAGEN *(toujours du sommet de la hauteur)*. (85)

Soyez prêts
et ne vous relâchez pas :
vous allez accueillir Gunther,
qui a pris femme !...

LES VASSAUX

Quelque danger le menace-t-il ?...
L'ennemi le presse-t-il ?...

HAGEN

Il conduit vers nous
une femme redoutable...

LES VASSAUX

Quelques parents hostiles
le poursuivent-ils ?...

HAGEN

Il vient seul :
nul ne le suit...

DIE MANNEN

So bestand er die Not?
So bestand er den Kampf?
Sag' es an!

HAGEN

(55) Der Wurmtöter
" wehrte der Not:
Siegfried, der Held,
der schuf ihm Heil!

EIN MANN

Was soll ihm das Heer nun noch helfen?

ZEHN WEITERE

Was hilft ihm nun das Heer?

HAGEN

Starke Stiere
sollt ihr schlachten;
am Weihstein fliesse
Wotan ihr Blut!

EIN MANN

Was, Hagen, was heissest du uns dann?

ACHT MANNEN

Was heissest du uns dann?

VIER WEITERE

Was soll es dann?

ALLE

Was heissest du uns dann?

LES VASSAUX

Il a donc triomphé du danger ?...
Il est sorti sain et sauf du combat ?...
Parle donc !...

HAGEN

Le vainqueur du dragon (55)
a écarté tout danger : ,,
Siegfried, le héros,
a été le sauveur !...

UN VASSAL

A quoi nos armes lui seraient-elles encore utiles ?...

DIX AUTRES VASSAUX

A quoi bon nos armes à présent ?...

HAGEN

Vous allez sacrifier
de robustes taureaux :
sur la pierre sacrée, que leur sang
coule en l'honneur de Wotan !...

UN VASSAL

Que nous ordonnes-tu ensuite, Hagen ?...

HUIT VASSAUX

Que nous ordonnes-tu ensuite ?...

QUATRE AUTRES VASSAUX

Quelle sera notre tâche alors ?...

TOUS

Que nous ordonnes-tu ensuite ?...

HAGEN

Einen Eber fällen
sollt ihr für Froh!
Einen stämmigen Bock
stechen für Donner!
Schafe aber
schlachtet für Fricka,
dass gute Ehe sie gebe!

ZWEI MANNEN

Schlugen wir Tiere,
  was schaffen wir dann?

WEITERE 16 MANNEN

Schlugen wir Tiere,
was schaffen wir dann?

HAGEN

Das Trinkhorn nehmt,
von trauten Frau'n
mit Met und Wein
  wonnig gefüllt!

ALLE MANNEN

Das Trinkhorn zur Hand,
wie halten wir es dann?

HAGEN

Rüstig gezecht,
bis der Rausch euch zähmt!
Alles den Göttern zu Ehren,
dass gute Ehe sie geben!

DIE MANNEN *(brechen in ein schallendes Gelächter aus).*

Gross Glück und Heil

HAGEN

Vous sacrifierez un sanglier
en l'honneur de Froh!...
Un bélier vigoureux
pour Donner!...
Mais ce sont des brebis
que vous immolerez pour Fricka,
afin qu'elle accorde un mariage propice!...

DEUX VASSAUX

Quand nous aurons tué les bêtes,
que ferons-nous encore ?...

SEIZE AUTRES VASSAUX

Quand nous aurons tué les bêtes,
que ferons-nous encore ?...

HAGEN

Prenez les cornes à boire
que de douces femmes
auront agréablement remplies
d'hydromel et de vin!...

TOUS LES VASSAUX

La corne à boire à la main,
qu'aurons-nous à faire ?...

HAGEN

Faites de copieuses libations,
jusqu'à ce que l'ivresse vous terrasse!...
Le tout en l'honneur des dieux,
pour qu'ils accordent un mariage propice!...

LES VASSAUX *(dans un éclat de rire retentissant).*

Le bonheur et la joie

lacht nun dem Rhein,
da Hagen, der Grimme,
so lustig mag sein!
Der Hagedorn
sticht nun nicht mehr;
(85) zum Hochzeitrufer
ward er bestellt.
Gross Glück lacht dem Rhein,
da Hagen, der Grimme,
so lustig mag sein!

HAGEN *(der immer sehr ernst geblieben, ist zu den Mannen herabgestiegen und steht jetzt unter ihnen).*

Nun lasst das Lachen,
mut'ge Mannen!
Empfangt Gunthers Braut!
(85) Brünnhilde naht dort mit ihm.

(Er deutet die Mannen nach dem Rhein hin; diese eilen zum Teil nach der Anhöhe, während andere sich am Ufer aufstellen, um die Ankommenden zu erblicken.)
(Näher zu einigen Mannen tretend.)

Hold seid der Herrin,
(77) helfet ihr treu:
traf sie ein Leid,
(85) rasch seid zur Rache!

(Er wendet sich langsam zur Seite, in den Hintergrund. Während des Folgenden kommt der Nachen mit Gunther und Brünnhilde auf dem Rheine an.)

DIE MANNEN *(erst einer, dann mehrere, schliesslich alle).*

Heil! Heil!

fleurissent au bord du Rhin,
si le sombre Hagen
peut s'abandonner ainsi à l'allégresse!...
La haie *
ne pique plus :
la voici chargée (85)
d'annoncer la noce!...
Un grand bonheur fleurit au Rhin,
si le sombre Hagen
peut s'abandonner ainsi à l'allégresse!...

HAGEN *(toujours aussi sombre, est descendu de la colline et se mêle à la foule des vassaux).*

Trêve à vos rires,
vaillants guerriers!...
Accueillez l'épouse de Gunther!...
Brünnhilde vient avec lui... (85)

(Il indique aux vassaux un point en direction du Rhin. Certains gravissent en hâte la colline, tandis que d'autres se massent sur la rive pour voir les arrivants.)
(S'approchant de quelques vassaux.)

Soyez dévoués à votre souveraine,
aidez-la fidèlement : (77)
si elle était outragée,
soyez prompts à la vengeance!... (85)

(Il se retire lentement au fond de la scène, vers la droite. La barque de Gunther et Brünnhilde apparaît sur le Rhin.)

LES VASSAUX *(d'abord les uns après les autres, puis tous ensemble).*

Gloire!... Gloire!...

* Jeu de mots intraduisible sur les analogies entre le nom de Hagen et le mot HAGEDORN (aubépine).

Willkommen! Willkommen!

(Einige der Mannen springen in den Fluss und ziehen den Kahn an das Land. Alles drängt sich immer dichter an das Ufer.)

Willkommen! Gunther!
Heil! Heil!

Bienvenue!... Bienvenue!...

(Quelques-uns des hommes descendent dans le fleuve et amarrent la barque. Tous se pressent de plus en plus nombreux sur la rive.)

Bienvenue!... Gunther!...
Gloire!... Gloire!...

VIERTE SZENE

QUATRIÈME SCÈNE

Gunther steigt mit Brünnhilde aus dem Kahn; die Mannen reihen sich ehrerbietig zu ihrem Empfange. Während des Folgenden geleitet Gunther Brünnhilde feierlich an der Hand.

DIE MANNEN

(78) Heil dir, Gunther!
Heil dir und deiner Braut!
Willkommen!

(Sie schlagen die Waffen tosend zusammen.)

GUNTHER *(Brünnhilde, welche bleich und gesenkten Blickes ihm folgt, den Mannen vorstellend).*

Brünnhild', die hehrste Frau,
bring' ich euch her zum Rhein.
Ein edleres Weib
(78) ward nie gewonnen.
" Der Gibichungen Geschlecht,
" gaben die Götter ihm Gunst,
zum höchsten Ruhm
rag es nun auf!

DIE MANNEN *(feierlich an ihre Waffen schlagend).*

(78) Heil! Heil dir,
" glücklicher Gibichung!

Gunther et Brünnhilde quittent la barque. Les vassaux se rangent avec respect pour les accueillir. Gunther s'avance solennellement, tenant Brünnhilde par la main.

LES VASSAUX

Gloire à toi, Gunther!... (78)
Gloire à toi et à ton épouse!... ,,

(Ils font grand vacarme en frappant leurs armes les unes contre les autres.)

GUNTHER *(il présente Brünnhilde aux vassaux. Celle-ci le suit, très pâle et les yeux baissés).*

Brünnhilde, la femme sans pareille,
voici que je la conduis vers vous, au Rhin...
Jamais on n'a conquis (78)
une femme plus noble... ,,
Les dieux ont témoigné leur faveur ,,
à la race des Gibichungen : ,,
qu'elle accède à présent
à la gloire suprême!...

LES VASSAUX *(entrechoquant solennellement leurs armes).*

Gloire!... Gloire à toi, (78)
heureux Gibichung!... ,,

(40) *(Gunther geleitet Brünnhilde, die nie aufblickt, zur Halle,*
(86) *aus welcher jetzt Siegfried und Gutrune, von Frauen*
(85) *begleitet, heraustreten.)*

GUNTHER *(hält vor der Halle an).*

Gegrüsst sei, teurer Held;
gegrüsst, holde Schwester!
Dich seh' ich froh ihm zur Seite,
der dich zum Weib gewann.
Zwei sel'ge Paare
(85) seh' ich hier prangen :

(Er führt Brünnhilde näher heran.)

Brünnhild' und Gunther,
(13) (77) Gutrun' und Siegfried!

(Brünnhilde schlägt erschreckt die Augen auf und erblickt
Siegfried; wie in Erstaunen bleibt ihr Blick auf ihn
(46) *gerichtet. Gunther, welcher Brünnhildes heftig zuckende*
(86) *Hand losgelassen hat, sowie alle übrigen zeigen starre*
Betroffenheit über Brünnhildes Benehmen.)

EINIGE MANNEN

(14) Was ist ihr ? Ist sie entrückt ?

(Brünnhilde beginnt zu zittern.)

(81) SIEGFRIED *(geht ruhig einige Schritte auf Brünnhilde [zu).*

(85) Was müht Brünnhildes Blick ?

BRÜNNHILDE *(kaum ihrer mächtig).*

Siegfried... hier...! Gutrune... ?

SIEGFRIED

(79) Gunthers milde Schwester :
mir vermählt

(Gunther conduit Brünnhilde, qui garde obstinément les (40)
yeux baissés, vers le palais, d'où sortent Siegfried et (86)
Gutrune qu'escortent des suivantes.) (85)

GUNTHER *(s'arrêtant devant le palais).*

Salut à toi, noble héros,
et à toi, douce sœur
que je vois avec joie au côté de celui
qui t'a obtenue pour épouse...
Je vois resplendir ici
deux couples bienheureux : (85)

(Il s'avance de quelques pas avec Brünnhilde.)

Brünnhilde et Gunther,
Gutrune et Siegfried!... (13) (77)

(Avec effroi, Brünnhilde lève les yeux et aperçoit Sieg-
fried : stupéfaite, elle garde son regard fixé sur lui. (46)
Gunther a lâché brusquement la main tremblante de
Brünnhilde. Tous les assistants observent avec surprise (86)
l'attitude de Brünnhilde.)

QUELQUES VASSAUX

Qu'a-t-elle ?... Perd-elle conscience ?... (14)

(Brünnhilde est saisie d'un tremblement.)

SIEGFRIED *(s'avance tranquillement en direction de*
Brünnhilde). (81)

Qu'est-ce qui assombrit le regard de Brünnhilde ?... (85)

BRÜNNHILDE *(se maîtrisant à grand-peine).*

Siegfried!... Ici!... Gutrune ?...

SIEGFRIED

La douce sœur de Gunther, (79)
qui s'est unie à moi

wie Gunther du.

BRÜNNHILDE *(furchtbar heftig).*

(46) Ich... Gunther... ? Du lügst!

(Sie schwankt und droht umzusinken; Siegfried, ihr zunächst, stützt sie.)

Mir schwindet das Licht...

(Sie blickt in seinen Armen matt zu Siegfried auf.)

(75) Siegfried — kennt mich nicht ?

,, SIEGFRIED

Gunther, deinem Weib ist übel!

(Gunther tritt hinzu.)

Erwache, Frau!
Hier steht dein Gatte.

BRÜNNHILDE *(erblickt am Finger Siegfrieds den Ring und schrickt mit furchtbarer Heftigkeit auf).*

(2) Ha! — Der Ring,
,, an seiner Hand!
(17) (23) Er — ? Siegfried — ?

EINIGE MANNEN

Was ist ? Was ist ?

HAGEN *(aus dem Hintergrunde unter die Mannen tretend).*

(28) Jetzt merket klug,
,, was die Frau euch klagt!

BRÜNNHILDE *(sucht sich zu ermannen, indem sie die schrecklichste Aufregung gewaltsam zurückhält).*

(28) Einen Ring sah ich

comme tu t'es unie à Gunther...

BRÜNNHILDE *(avec une violence effrayante).*

Moi... Gunther ?... Tu mens!... (46)

(Elle chancelle, sur le point de défaillir. Siegfried, qui est tout près d'elle, la soutient.)

Ma vue se brouille...

(Dans les bras de Siegfried, elle le fixe d'un regard sans expression.)

Siegfried... ne me reconnaît pas ?... (75)

SIEGFRIED

Gunther, ton épouse se trouve mal!... ''

(Gunther s'approche.)

Reviens à toi, ô femme!...
Voici ton époux!...

BRÜNNHILDE *(remarque l'anneau au doigt de Siegfried. Elle a un mouvement d'effroi d'une violence terrible.)*

Ah!... L'anneau!... (2)
A sa main!... ''
Lui ?... Siegfried ?... (17) (23)

QUELQUES VASSAUX

Que se passe-t-il ?... Que se passe-t-il ?...

HAGEN *(s'avançant du fond de la scène en fendant les rangs des vassaux).*

Écoutez attentivement à présent (28)
les griefs de cette femme!... ''

BRÜNNHILDE *(tentant de se ressaisir et de maîtriser son émotion au prix d'un effort surhumain).*

J'ai vu un anneau (28)

(28) an deiner Hand.
,, Nicht dir gehört er,
ihn entriss mir *(auf Gunther deutend)*
dieser Mann!
Wie mochtest von ihm
den Ring du empfahn ?

SIEGFRIED *(aufmerksam den Ring an seiner Hand betrachtend).*

Den Ring empfing ich
(19) nicht von ihm.

BRÜNNHILDE *(zu Gunther).*

(26) (28) Nahmst du von mir den Ring,
,, ,, durch den ich dir vermählt;
so melde ihm dein Recht,
(81) fordre zurück das Pfand!

GUNTHER *(in grosser Verwirrung).*

,, Den Ring ? Ich gab ihm keinen :
Doch — kennst du ihn auch gut ?

BRÜNNHILDE

(19) (14) Wo bärgest du den Ring,
den du von mir erbeutet ?

(Gunther schweigt in höchster Betroffenheit.)

BRÜNNHILDE *(wütend auffahrend).*

Ha! — Dieser war es,
der mir den Ring entriss :
(2) Siegfried, der trugvolle Dieb!

(86) *(Alles blickt erwartungsvoll auf Siegfried, welcher über der Betrachtung des Ringes in fernes Sinnen entrückt ist.)*

SIEGFRIED

Von keinem Weib

à ton doigt... (28)
Ce n'est pas à toi qu'il appartient : ,,
il m'a été arraché *(désignant Gunther)*
par cet homme-là!...
Comment as-tu pu
en recevoir l'anneau ?...

SIEGFRIED *(regardant attentivement l'anneau à son doigt).*

Ce n'est pas de lui
que j'ai reçu l'anneau... (19)

BRÜNNHILDE *(à Gunther).*

Tu m'as pris l'anneau (26) (28)
par lequel j'ai été unie à toi : ,, ,,
fais valoir ton droit,
exige la restitution du gage!... (81)

GUNTHER *(dans un grand embarras).*

L'anneau ?... Je ne le lui ai pas donné!...
Mais le connais-tu bien ?...

BRÜNNHILDE

Où as-tu caché l'anneau
que tu m'as dérobé ?... (19) (14)

(Gunther garde un silence plein de confusion.)

BRÜNNHILDE *(laissant éclater sa fureur).*

Ah!... Voici celui
qui m'a arraché l'anneau :
Siegfried, le voleur plein de perfidie!... (2)

(Tous les regards se fixent sur Siegfried, qui contemple (86)
l'anneau et semble perdu dans ses réflexions.) (2)

SIEGFRIED

De nulle femme

kam mir der Reif;
(6) noch war's ein Weib,
" dem ich ihn abgewann:
genau erkenn' ich
des Kampfes Lohn,
(64) den vor Neidhöhl' einst ich bestand,
(19) als den starken Wurm ich erschlug.

HAGEN *(zwischen sie tretend).*

(28) Brünnhild', kühne Frau,
" (19) kennst du genau den Ring?
Ist's der, den du Gunther gabst,
(77) so ist er sein,
(48) und Siegfried gewann ihn durch Trug,
(81) den der Treulose büssen sollt'!

BRÜNNHILDE *(in furchtbarstem Schmerze aufschreiend).*

Betrug! Betrug!
(2) (77) Schändlichster Betrug!
(2) Verrat! Verrat!
(86) (26) Wie noch nie er gerächt!

" " GUTRUNE

Verrat? An wem!

MANNEN

Verrat? Verrat?

FRAUEN

Verrat? An wem?

BRÜNNHILDE

(29) Heil'ge Götter,
" himmlische Lenker!
(86) Rauntet ihr dies
" in eurem Rat?

ne m'est venu cet anneau,
et ce n'est pas sur une femme (6)
que je l'ai conquis : ,,
je connais parfaitement
ce prix du combat (28)
que j'ai soutenu jadis devant Neidhöhle, (64)
quand j'ai abattu l'énorme dragon... (19)

HAGEN *(s'avançant entre Siegfried et Brünnhilde).*

Brünnhilde, noble femme, (28)
connais-tu bien l'anneau ?... (19)
Si c'est bien celui que tu donnas à Gunther,
alors, il est à lui, (77)
et Siegfried se l'est approprié par l'effet d'une perfidie (48)
que le fourbe devrait expier!... (81)

BRÜNNHILDE *(au paroxysme de la douleur).*

Imposture!... Imposture!...
Abominable imposture!... (2) (77)
Trahison!... Trahison, ,, ,,
telle que jamais encore il n'en fut à expier! (86) (26)

GUTRUNE

Trahison ?... Envers qui ?... ,, ,,

DES VASSAUX

Trahison ?... Trahison ?...

DES FEMMES

Trahison ?... Envers qui ?...

BRÜNNHILDE

Dieux augustes, (29)
puissances célestes!... ,,
Avez-vous comploté tout cela (86)
en votre conseil ?... ,,

(28) Lehrt ihr mich Leiden,
" wie keiner sie litt ?
Schuft ihr mir Schmach,
(26) wie nie sie geschmerzt ?
Ratet nun Rache,
wie nie sie gerast!
Zündet mir Zorn,
wie noch nie er gezähmt!
Heisset Brünnhild',
ihr Herz zu zerbrechen,
den zu zertrümmern,
der sie betrog!

GUNTHER

Brünnhild', Gemahlin!
Mäss'ge dich!

BRÜNNHILDE

(86) Weich fern, Verräter!
Selbst Verratner!
Wisset denn alle :
nicht ihm —
dem Manne dort
bin ich vermählt.

FRAUEN

(86) Siegfried ? Gutruns Gemahl ?

MANNEN

Gutruns Gemahl ?

BRÜNNHILDE

Er zwang mir Lust
(86) und Liebe ab.

SIEGFRIED

Achtest du so

M'enseignez-vous des souffrances (28)
telles que nul n'en souffrit ?... ”
M'avez-vous préparé des outrages
tels que nul n'en subit ?... (26)
Inspirez-moi à présent une vengeance
telle qu'il ne s'en déchaîna jamais !...
Allumez en moi une fureur
telle qu'il ne s'en maîtrisa jamais !...
Ordonnez à Brünnhilde
de se briser le cœur
pour anéantir celui-là
qui l'a trompée !...

GUNTHER

Brünnhilde !... Ma femme !...
Apaise-toi !...

BRÜNNHILDE

Arrière, traître !... (86)
Trahi toi-même !...
Sachez-le donc tous :
ce n'est pas de celui-ci,
c'est de cet homme-là
que je suis l'épouse !...

DES FEMMES

Siegfried ?... L'époux de Gutrune ?... (86)

DES VASSAUX

L'époux de Gutrune ?...

BRÜNNHILDE

Il m'a extorqué
volupté et amour !... (86)

SIEGFRIED

Fais-tu si peu de cas

der eignen Ehre ?
Die Zunge, die sie lästert,
(86) muss ich der Lüge sie zeihen ?
(77) Hört, ob ich Treue brach!
Blutbrüderschaft
(83) hab' ich Gunther geschworen :
(27) Notung, das werte Schwert,
wahrte der Treue Eid;
(13) (77) mich trennte seine Schärfe
(86) von diesem traur' gen Weib.

BRÜNNHILDE

Du listiger Held,
sieh, wie du lügst!
Wie auf dein Schwert
du schlecht dich berufst!
(13) Wohl kenn' ich seine Schärfe,
(76) doch kenn' auch die Scheide,
darin so wonnig
(13) ruht' an der Wand
(76) Notung, der treue Freund,
als die Traute sein Herr sich gewann.

DIE MANNEN *(in lebhafter Entrüstung zusammentretend).*

Wie ? Brach er die Treue ?
Trübte er Gunthers Ehre ?

DIE FRAUEN

(76) Brach er die Treue ?

GUNTHER *(zu Siegfried).*

Geschändet wär' ich,
schmählich bewahrt,
gäbst du die Rede
nicht ihr zurück!

de ton propre honneur ?...
Cette bouche et ses calomnies,
dois-je les convaincre de mensonge ?... (86)
Écoutez, et dites si j'ai manqué à la loyauté!... (77)
J'ai fait à Gunther serment
de fraternité dans le sang; (83)
Notung, le glaive de droiture, (27)
a été garant du serment de fidélité :
sa lame m'a séparé (13) (77)
de cette malheureuse femme!... (86)

BRÜNNHILDE

Héros plein d'astuce,
vois comme tu mens
et comme c'est à tort
que tu en appelles à ton glaive!...
Je connais bien sa lame, (13)
mais je connais également le fourreau (76)
où, avec tant de douceur,
Notung, l'ami fidèle, (13)
reposait contre le mur, (76)
quand son maître conquit sa bien-aimée!...

LES VASSAUX *(se groupant avec indignation).*

Quoi ?... A-t-il manqué à la loyauté ?...
A-t-il attenté à l'honneur de Gunther ?...

LES FEMMES

A-t-il manqué à la loyauté ?... (76)

GUNTHER *(à Siegfried).*

Je serais déshonoré,
couvert de honte,
si tu ne réfutais pas
ses discours!...

GUTRUNE

Treulos, Siegfried,
sannest du Trug?
Bezeuge, dass jene
falsch dich zeiht!

DIE MANNEN

Reinige dich,
bist du im Recht!
Schweige die Klage!
Schwöre den Eid!

SIEGFRIED

Schweig' ich die Klage,
schwör' ich den Eid:
wer von euch wagt
(77) seine Waffe daran?

HAGEN

(86) Meines Speeres Spitze
,, wag' ich daran:
(82) sie wahr' in Ehren den Eid.

(Die Mannen schliessen einen Ring um Siegfried und Hagen. Hagen hält den Speer hin; Siegfried legt zwei Finger seiner rechten Hand auf die Speerspitze.)

SIEGFRIED

(77) Helle Wehr!
,, Heilige Waffe!
(86) Hilf meinem ewigen Eide!
Bei des Speeres Spitze
sprech' ich den Eid:
(86) Spitze, achte des Spruchs!
(84) Wo Scharfes mich schneidet,

GUTRUNE

Déloyal, Siegfried,
méditerais-tu quelque tromperie ?...
Prouve que cette femme
t'accuse faussement !...

LES VASSAUX

Disculpe-toi,
si tu es dans ton droit !...
Fais taire l'accusation !...
Prête le serment !...

SIEGFRIED

Pour faire taire l'accusation, (26)
pour prêter le serment,
qui d'entre vous
ose offrir son arme ?... (77)

HAGEN

Le fer de ma lance, (86)
j'ose l'offrir : ”
qu'il garde le serment dans l'honneur !... (82) (86)

(Les vassaux forment un cercle autour de Siegfried et de Hagen. Hagen présente la lance horizontalement. Siegfried pose deux doigts de sa main droite sur la pointe de l'arme.)

SIEGFRIED

Arme étincelante !... (77)
Arme sainte !...
Viens en aide à mon serment éternel !... (86)
Par le fer de la lance,
je prononce le serment :
pointe acérée, souviens-toi de ma parole ! (86)
Si un tranchant doit me déchirer, (84)

schneide du mich;
wo der Tod mich soll treffen,
treffe du mich :
klagte das Weib dort wahr,
brach ich dem Bruder den Eid'!

(40) BRÜNNHILDE *(tritt wütend in den Ring, reisst Siegfrieds*
(41) *Hand vom Speere hinweg und fasst dafür mit der ihrigen die Spitze).*

Helle Wehr!
(77) Heilige Waffe!
(86) Hilf meinem ewigen Eide!
Bei des Speeres Spitze
(77) sprech' ich den Eid :
(86) Spitze, achte des Spruchs!
(84) Ich weihe deine Wucht,
" dass sie ihn werfe!
Deine Schärfe segne ich,
dass sie ihn schneide :
denn, brach seine Eide er all',
schwur Meineid jetzt dieser Mann!

DIE MANNEN *(im höchsten Aufruhr).*

Hilf, Donner,
tose dein Wetter,
zu schweigen die wütende Schmach!

SIEGFRIED

Gunther, wehr deinem Weibe,
(26) das schamlos Schande dir lügt!
Gönnt ihr Weil' und Ruh',
der wilden Felsenfrau,
dass ihre freche Wut sich lege,
(76) die eines Unholds
arge List
wider uns alle erregt!
Ihr Mannen, kehret euch ab!

déchire-moi ;
si la mort doit me frapper,
frappe-moi,
dès lors que cette femme m'accuserait à bon droit
et que j'aurais manqué au serment fait au frère!...

BRÜNNHILDE *(véhémente, elle fait irruption dans le cercle, arrache la main de Siegfried de la lance et saisit à son tour le fer de l'arme).* (40) (41)

Arme étincelante!...
Arme sainte!... (77)
Viens en aide à mon serment éternel!... (86)
Par le fer de la lance,
je prononce le serment : (77)
pointe acérée, souviens-toi de ma parole! (86)
Je consacre ta force (84)
pour qu'elle l'abatte, ,,
je bénis ton tranchant, ,,
pour qu'il le déchire,
car, après avoir manqué à tous ses serments,
cet homme vient de se parjurer!...

LES VASSAUX *(dans un grand tumulte).*

A l'aide, Donner,
déchaîne tes orages
pour faire taire cette fureur!

SIEGFRIED

Gunther, empêche ta femme
de te déshonorer par ses mensonges!... (28) (26)
Accorde quelque repos
à la fille sauvage du rocher,
pour que s'apaise sa rage insolente
excitée contre nous tous
par la ruse néfaste (76)
d'un démon!...
Et vous, vassaux, dispersez-vous!...

Lasst das Weibergekeif!
Als Zage weichen wir gern,
(16) gilt es mit Zungen den Streit.

’’ *(Er tritt dicht zu Gunther.)*

’’ Glaub, mehr zürnt es mich als dich,
’’ dass schlecht ich sie getäuscht :
(14) der Tarnhelm, dünkt mich fast,
’’ hat halb mich nur gehehlt.
Doch Frauengroll
friedet sich bald :
dass ich dir es gewann,
(76) dankt dir gewiss noch das Weib.

(Er wendet sich wieder zu den Mannen.)

Munter, ihr Mannen!
(85) Folgt mir zum Mahl! *(Zu den Frauen.)*
Froh zur Hochzeit
helfet, ihr Frauen!
Wonnige Lust
lache nun auf!
(85) In Hof und Hain,
’’ heiter vor allen
sollt ihr heute mich sehn.
Wen die Minne freut,
meinem frohen Mute
(85) tu es der Glückliche gleich!

(79) *(Er schling in ausgelassenem Übermute seinen Arm um*
Gutrune und zieht sie mit sich in die Halle fort. Die
(17) *Mannen und Frauen, von seinem Beispiele hingerissen,*
(23) *folgen ihm nach. Nur Brünnhilde, Gunther und Hagen*
(28) *bleiben zurück. Gunther hat sich in tiefer Scham mit*
(76) *verhülltem Gesichte abseits niedergesetzt. Brünnhilde,*
(81) *im Vordergrunde stehend, blickt Siegfried und Gutrune*
(82) *noch eine Zeitlang schmerzlich nach und senkt dann*
(84) *sinnend das Haupt.)*

Laissez là ces criailleries de femmes!...
Comme des poltrons, nous nous retirons volontiers,
quand il s'agit de combats de langues!... (16)

(Il s'approche de Gunther.)

Crois-moi, j'enrage autant que toi ,,
de lui avoir mal donné le change : ,,
je croirais presque que le heaume magique (14)
ne m'a dissimulé qu'à moitié... ,,
Mais rancune de femme
s'apaise vite :
elle te remerciera certainement encore
d'être devenue ton épouse grâce à moi!... (76)

(Il se tourne de nouveau vers les vassaux.)

Allons! les hommes,
suivez-moi au festin!... *(Aux femmes)* (85)
Et vous, les femmes,
aidez joyeusement aux noces!...
Qu'une radieuse allégresse
éclate à présent!...
Au palais et dans les bois, (85)
vous me verrez aujourd'hui ,,
d'une gaieté sans mesure...
Que celui que l'amour rend heureux
imite donc
ma joyeuse humeur!... (85)

(Avec exubérance, il enlace Gutrune et l'entraîne vers le (79)
palais. Les vassaux et les femmes, gagnés par son (17)
exemple, le suivent. Brünnhilde, Hagen et Gunther (23)
demeurent seuls en scène. Gunther s'est assis à l'écart, (28)
et, dans sa honte, se cache le visage, Brünnhilde, debout à (76)
l'avant-plan, suit Siegfried et Gutrune d'un regard plein (81)
de tristesse, puis elle baisse la tête.) (82) (84)

FÜNFTE SZENE

CINQUIÈME SCÈNE

(86) BRÜNNHILDE

Welches Unholds List
(28) (84) liegt hier verhohlen?
(86) Welches Zaubers Rat
(46) regte dies auf?
Wo ist nun mein Wissen
(46) gegen dies Wirrsal?
Wo sind meine Runen
gegen dies Rätsel?
Ach Jammer! Jammer!
Weh, ach Wehe!
(67) All mein Wissen
wies ich ihm zu!
(76) In seiner Macht
" hält er die Magd;
in seinen Banden
hält er die Beute,
die, jammernd ob ihrer Schmach,
(84) jauchzend der Reiche verschenkt!
(86) (26) Wer bietet mir nun das Schwert,
mit dem ich die Bande zerschnitt'?

HAGEN *(dicht an sie herantretend).*

Vetraue mir,
betrogne Frau!

BRÜNNHILDE

Quelle ruse démoniaque (86)
se dissimule ici ?... (28) (84)
Quel dessein maléfique (86)
a déchaîné tout cela ?... (46)
Où ma science est-elle à présent,
face à cette confusion ?... (46)
Que peuvent mes runes,
devant cette énigme ?...
Ah! détresse!... Détresse!...
Douleur!... Oh! douleur!...
Toute ma science, (67)
je la lui ai léguée!... ,,
Il tient la jeune femme (76)
en son pouvoir ; ,,
dans ses liens,
il tient la proie,
désespérée par sa honte,
dont il fait don dans son faste exultant!... (84)
Qui donc m'offrira le glaive (86) (26)
par lequel je pourrai trancher les liens ?...

HAGEN *(s'approchant de Brünnhilde).*

Fie-toi à moi,
toi qui as été trompée :

Wer dich verriet,
das räche ich.

BRÜNNHILDE *(matt sich umblickend).*

An wem ?

HAGEN

An Siegfried, der dich betrog.

BRÜNNHILDE

An Siegfried ?... du ? *(Bitter lächelnd.)*

(28) Ein einz'ger Blick
" seines blitzenden Auges,
(81) das selbst durch die Lügengestalt
leuchtend strahlte zu mir,
deinen besten Mut
machte er bangen!

HAGEN

Doch meinem Speere
spart ihn sein Meineid ?

BRÜNNHILDE

(48) Eid und Meineid,
müssige Acht!
Nach Stärkrem späh,
deinen Speer zu waffnen,
(84) willst du den Stärksten bestehn!

HAGEN

" Wohl kenn' ich Siegfrieds
" siegende Kraft,
wie schwer im Kampf er zu fällen;

(16) drum raune nun du

de celui qui t'a trahie,
je tirerai vengeance!...

BRÜNNHILDE *(le regardant avec lassitude)*.

De qui ?...

HAGEN

De Siegfried, qui t'a trompée...

BRÜNNHILDE

De Siegfried ?... Toi ?... *(Avec un sourire [amer.)*
Un seul regard (28)
de son œil étincelant, (81)
qui put resplendir pour moi
même sous son déguisement,
remplirait d'effroi
ton courage le plus résolu!...

HAGEN

Pourtant, son parjure
le voue à ma lance ?...

BRÜNNHILDE

Serment et parjure :
considérations oiseuses!... (48)
Cherche un plus fort que toi
pour l'armer de ta lance,
si tu veux triompher du plus fort de tous les hommes!...

HAGEN (84)

Je connais bien la force ,,
victorieuse de Siegfried,
et je sais comme il serait difficile de l'abattre au [combat :
mais confie-moi à voix basse (16)

mir klugen Rat,
wie doch der Recke mir wich'?

BRÜNNHILDE

O Undank, schändlichster Lohn!
Nicht eine Kunst
war mir bekannt,
die zum Heil nicht half seinem Leib!
Unwissend zähmt' ihn
mein Zauberspiel,
das ihn vor Wunden nun gewahrt.

HAGEN

(28) So kann keine Wehr ihm schaden?

BRÜNNHILDE

,, Im Kampfe nicht; doch
,, träfst du im Rücken ihn...
,, Niemals, das wusst' ich,
(48) wich' er dem Feind,
(13) nie reicht' er fliehend ihm den Rücken:
an ihm drum spart' ich den Segen.

HAGEN

Und dort trifft ihn mein Speer!

(Er wendet sich rasch von Brünnhilde ab zu Gunther.)

(86) (26) Auf, Gunther,
,, ,, edler Gibichung!
(82) Hier steht dein starkes Weib:
was hängst du dort in Harm?

GUNTHER *(leidenschaftlich auffahrend).*

O Schmach!
O Schande!
Wehe mir,

le moyen efficace ”
de mettre le héros à ma merci!...

BRÜNNHILDE

Oh! ingratitude!... Récompense abominable!...
Il n'est pas un art
connu de moi
que je n'aie employé pour son bien-être!...
A son insu, mes charmes magiques
l'ont rendu invulnérable
et le mettent à présent à l'abri des blessures...

HAGEN

Nulle arme ne peut donc lui nuire ?... (28)

BRÜNNHILDE

Au combat, non : pourtant, ”
si tu le frappais dans le dos... ”
Je savais que jamais ”
il n'aurait cédé à l'ennemi, (48)
lui présentant le dos dans sa fuite : (13)
son dos n'a donc pas bénéficié de mes bienfaits...

HAGEN

Et c'est là que ma lance le frappera!...

(Il se dirige à pas rapides vers Gunther.)

Allons, Gunther, (86) (26)
noble Gibichung!...
Voici ta vaillante femme : (82)
pourquoi restes-tu là à te désoler ?...

GUNTHER *(dans un sursaut de douleur).*

O honte!...
O ignominie!...
Malheur à moi,

(23) dem jammervollsten Manne!

HAGEN

(86) In Schande liegst du;
’’ leugn’ ich das?

BRÜNNHILDE *(zu Gunther)*.

O feiger Mann!
falscher Genoss’!
Hinter dem Helden
hehltest du dich,
dass Preise des Ruhmes
er dir erränge!
Tief wohl sank
das teure Geschlecht,
(86) das solche Zagen gezeugt!

GUNTHER *(ausser sich)*.

Betrüger ich — und betrogen!
Verräter ich — und verraten!
(82) Zermalmt mir das Mark!
’’ Zerbrecht mir die Brust!
(26) Hilf, Hagen!
’’ Hilf meiner Ehre!
(23) Hilf deiner Mutter,
die mich — auch ja gebar!

HAGEN

(86) Dir hilft kein Hirn,
’’ dir hilft keine Hand:
(26) dir hilft nur — Siegfrieds Tod!

GUNTHER *(von Grausen erfasst)*.

’’ Siegfrieds Tod!

HAGEN

Nur der sühnt deine Schmach!

qui suis tellement déchiré! (23)

HAGEN

Tu gis dans le déshonneur : (86)
est-ce que je le conteste ?...

BRÜNNHILDE *(à Gunther).*

Lâche!...
Perfide compagnon!...
Tu t'es caché
derrière le héros
pour qu'il t'obtienne
la consécration de la gloire!...
Elle est tombée très bas,
la noble race
qui a engendré tant de lâcheté!... (86)

GUNTHER *(hors de lui).*

Je suis un fourbe : et je suis trompé!...
Je suis un traître : et je suis trahi!...
Que mes os soient pulvérisés!... (82)
Que ma poitrine se brise!... ,,
A l'aide, Hagen!... (26)
Seconde mon honneur!... ,,
Seconde ta mère, (23)
qui m'a également mis au monde!...

HAGEN

Nul cerveau ne peut t'aider,
nulle main ne peut t'aider : (86)
seule peut t'aider la mort de Siegfried!... (26)

GUNTHER *(saisi d'effroi).*

La mort de Siegfried ?...

HAGEN

Elle seule peut effacer ta honte!...

GUNTHER *(vor sich hinstarrend).*

Blutbrüderschaft
schwuren wir uns!

HAGEN

Des Bundes Bruch
(82) sühne nun Blut!

GUNTHER

Brach er den Bund?

HAGEN

Da er dich verriet!

GUNTHER

Verriet er mich?

BRÜNNHILDE

Dich verriet er,
und mich verrietet ihr alle!
Wär' ich gerecht,
alles Blut der Welt
(86) büsste mir nicht eure Schuld!
Doch des *einen* Tod
(75) taugt mir für alle:
Siegfried falle
zur Sühne für sich und euch!

HAGEN *(heimlich zu Gunther).*

(77) Er falle — dir zum Heil!
(2) Ungeheure Macht wird dir,
" gewinnst von ihm du den Ring,
(23) den der Tod ihm wohl nur entreisst.

GUNTHER *(leise).*

Brünnhildes Ring?

GUNTHER *(regardant fixement devant lui).*

Nous nous sommes juré
fraternité dans le sang!...

HAGEN

Que le sang fasse expier à présent (82)
la rupture de l'alliance!...

GUNTHER

A-t-il rompu l'alliance ?...

HAGEN

Puisqu'il t'a trahi!...

GUNTHER

M'a-t-il trahi ?...

BRÜNNHILDE

Il t'a trahi :
et moi, vous m'avez tous trahie!...
Me rendrait-on justice,
que tout le sang du monde
ne réparerait pas vos torts envers moi!... (86)
Mais la mort d'un seul
paiera la dette de tous!... (75)
Que Siegfried meure,
expiant pour lui-même et pour vous!...

HAGEN *(à Gunther, avec mystère).*

Qu'il tombe pour ton salut!... (77)
Tu hériteras d'une puissance sans borne, (2)
si tu peux conquérir son anneau ,,
que seule la mort pourra lui arracher... (23)

GUNTHER *(à voix basse).*

L'anneau de Brünnhilde ?...

HAGEN

(28) (21) Des Nibelungen Reif.

GUNTHER *(schwer seufzend).*

So wär' es Siegfrieds Ende!

HAGEN

(26) (86) Uns allen frommt sein Tod.

GUNTHER

(79) Doch Gutrune, ach,
’’ der ich ihn gönnte!
’’ Straften den Gatten wir so,
wie bestünden wir vor ihr ?

BRÜNNHILDE *(wild auffahrend).*

Was riet mir mein Wissen ?
Was wiesen mich Runen ?
Im hilflosen Elend
achtet mir's hell :
(85) Gutrune heisst der Zauber,
der den Gatten mir entrückt!
Angst treffe sie!

HAGEN *(zu Gunther).*

(80) Muss sein Tod sie betrüben,
verhehlt sei ihr die Tat.
Auf muntres Jagen
ziehen wir morgen :
der Edle braust uns voran,
(86) (26) ein Eber bracht' ihn da um.

GUNTHER

(86) (26) So soll es sein!
’’ ’’ Siegfried falle!

HAGEN

L'anneau du Nibelung!... (28) (21)

GUNTHER *(avec un profond soupir).*

Ce serait donc la fin de Siegfried ?...

HAGEN

Sa mort nous serait profitable à tous!... (26) (86)

GUNTHER

Mais Gutrune, hélas! (79)
dont je lui ai accordé la main ?... ''
Si nous punissions ainsi son époux, ''
comment nous justifierions-nous devant elle ?...

BRÜNNHILDE *(avec une sauvagerie soudaine).*

Que m'a soufflé ma science ?...
Que m'ont fait voir les runes ?...
Dans ma détresse sans remède,
tout devient clair :
Gutrune, tel est le nom du maléfice (85)
qui m'a enlevé mon époux!...
Qu'elle soit frappée de terreur!...

HAGEN *(à Gunther).*

Si cette mort doit la désoler, (80)
dissimulons-lui notre entreprise...
Rendons-nous demain
à une joyeuse partie de chasse...
Le héros nous distancera fougueusement...
Un sanglier lui enlèvera la vie... (86) (26)

GUNTHER

Qu'il en soit ainsi!... '' ''
Que Siegfried succombe!... '' ''

BRÜNNHILDE

So soll es sein!
Siegfried falle!

GUNTHER

Sühn' er die Schmach,
die er mir schuf!

HAGEN

Sterb' er dahin,

HAGEN und BRÜNNHILDE

der strahlende Held!
Sühn' er die Schmach,

BRÜNNHILDE

die er mir schuf!

HAGEN

(28) Mein ist der Hort,
,, mir muss er gehören!

ZUSAMMEN

Brünnhilde und Gunther :

Eidtreue
Des Eides Treue
hat er getrogen :
mit seinem Blut
büss' er die Schuld!
(82) Allrauner,
,, rächender Gott!
Schwurwissender
Eideshort!
Wotan!
Wende dich her!
(29) Weise die schrecklich
heilige Schar,

BRÜNNHILDE

Qu'il en soit ainsi :
que Siegfried succombe!...

GUNTHER

Qu'il expie la honte
qu'il m'a infligée!...

HAGEN

Qu'il meure ainsi, (82)

HAGEN *et* BRÜNNHILDE

le héros radieux!... "
Qu'il expie la honte

BRÜNNHILDE

qu'il m'a infligée!...

HAGEN

Le trésor est mon bien : (28)
c'est à moi qu'il doit appartenir!... "

ENSEMBLE

Brünnhilde et Gunther :

La fidélité au serment,
La fidélité au serment,
il l'a trahie :
que par son sang
il expie la faute!...
Toi qui inspires tout, (82)
dieu vengeur!... "
Garant des pactes,
toi qui sais les serments,
Wotan,
tourne-toi vers nous!...
Réunis la sainte
et redoutable légion (29)

hieher zu horchen
(84) dem Racheschwur!

Hagen :

Mir muss er gehören :
d'rum sei der Reif
(82) ihm entrissen!
Albenvater,
gefallner Fürst!
Nachthüter!
Niblungenherr!
Alberich!
Achte auf mich!
(29) Weise von neuem
der Niblungenschar,
dir zu gehorchen,
(84) des Reifes Herrn!

(85) *(Als Gunther mit Brünnhilde sich der Halle zuwendet,*
tritt ihnen der von dort heraustretende Brautzug ent-
gegen. Knaben und Mädchen, Blumenstäbe schwingend,
(86) *eilen lustig voraus. Siegfried wird auf einem Schilde,*
Gutrune auf einem Sessel von den Männern getragen.
(79) *Auf der Anhöhe des Hintergrundes führen Knechte und*
Mägde auf verschiedenen Bergpfaden Opfergeräte und
(26) *Opfertiere zu den Weihsteinen herbei und schmücken*
diese mit Blumen. Siegfried und die Mannen blasen auf
(77) *ihren Hörnern den Hochzeitsruf. Die Frauen fordern*
Brünnhilde auf, an Gutrunes Seite sie zu geleiten. Brünnhilde blickt starr zu Gutrune auf, welche ihr mit freundlichem Lächeln zuwinkt. Als Brünnhilde heftig zurücktreten will, tritt Hagen rasch dazwischen und drängt sie an Gunther, der jetzt von neuem ihre Hand erfasst, worauf er selbst von den Männern sich auf den Schild heben lässt. Während der Zug, kaum unterbrochen, schnell der Höhe zu sich wieder in Bewegung setzt, fällt der Vorhang.)

pour écouter ici
le serment de vengeance!... (84)

Hagen :

C'est à moi que l'anneau doit appartenir :
qu'il lui soit donc
arraché!...
Père des abîmes, (82)
prince déchu, ,,
toi qui veilles dans la nuit,
seigneur des Nibelungen,
Alberich,
contemple-moi!...
Fais qu'à nouveau (29)
la légion des Nibelungen ,,
t'obéisse,
maître de l'anneau!... (84)

(Gunther et Brünnhilde se tournent vers le palais, où
s'organise le cortège nuptial que précèdent des jeunes
gens et des jeunes filles brandissant joyeusement des
bâtons ornés de fleurs. Des hommes portent Siegfried sur
un bouclier et Gutrune sur un siège. Sur la hauteur du
fond de la scène, débouchant de différents sentiers, des (85)
serviteurs portent les instruments du sacrifice et condui-
sent les animaux à immoler vers les autels de pierre qu'ils (86)
décorent de fleurs. Siegfried et les guerriers sonnent sur (79)
leurs cors les fanfares nuptiales. Les suivantes de Gutrune (26)
invitent Brünnhilde à se joindre au cortège. Brünnhilde (77)
regarde fixement Gutrune qui lui sourit amicalement.
Brünnhilde a un violent mouvement de recul, mais Hagen
s'interpose rapidement et la force à se rapprocher de
Gunther, qui lui reprend la main avant de se laisser hisser
sur le pavois par quelques guerriers. Le rideau tombe,
tandis que le cortège, à peine interrompu par ces péripé-
ties, reprend rapidement sa marche vers la colline.)

DRITTER AUFZUG

TROISIÈME ACTE

ORCHESTERVORSPIEL

Leitmotive : *Siegfrieds Horn-Wehe-Hochzeitsruf-Natur-Rheingold-Rheintöchter.*

WILDES WALD- UND FELSENTAL AM RHEINE

der im Hintergrunde an einem steilen Abhange vorbeifliesst.

PRÉLUDE ORCHESTRAL

Leitmotivs : *Appels du Fils des bois — Servitude — Appel au mariage — Rhin — Or — Filles du Rhin.*

UN SITE SAUVAGE

de bois et de rochers au bord du Rhin qui coule au fond de la scène au pied d'une déclivité abrupte.

ERSTE SZENE

PREMIÈRE SCÈNE

Die drei Rheintöchter, Woglinde, Wellgunde und Flosshilde, tauchen aus der Flut auf und schwimmen, wie im Reigentanze, im Kreise umher.

DIE DREI RHEINTÖCHTER *(im Schwimmen mässig einhaltend).*

Frau Sonne
sendet lichte Strahlen;
(19) Nacht liegt in der Tiefe :
einst war sie hell,
da heil und hehr
(19) des Vaters Gold noch in ihr glänzte.
(8) Rheingold!
" Klares Gold!
" Wie hell du einstens strahltest,
" hehrer Stern der Tiefe!

(Sie schliessen wieder den Schwimmreigen).

" Weialala leia,
" wallala leialala.

(Ferner Hornruf. Sie lauschen. Sie schlagen jauchzend das Wasser.)

Frau Sonne,
sende uns den Helden,
(19) der das Gold uns wiedergäbe!
Liess' er es uns,

Les trois Filles du Rhin, Woglinde, Wellgunde et Flosshilde, émergent des ondes et nagent en décrivant des cercles comme en une sorte de ronde.

LES TROIS FILLES DU RHIN *(modérant leurs évolutions).*

Messire Soleil
irradie sa lumière...
La nuit règne dans l'abîme, (19)
tout illuminé jadis
quand, saint et sublime,
l'or du Père y resplendissait... (19)
Or du Rhin!... (8)
Or de clarté!... ''
Comme tu rayonnais jadis, ''
étoile sublime de l'abîme!... ''

(Elles décrivent de nouveaux cercles en nageant.) ''

Weialala leia ''
wallala leialala... ''

(Fanfare de cor au loin. Elles écoutent, puis frappent la surface des eaux avec allégresse.)

Messire Soleil,
envoie-nous le héros
qui nous restituerait l'or!... (19)
S'il nous l'abandonnait,

dein lichtes Auge
(19) neideten dann wir nicht länger.
(8) Rheingold!
,, Klares Gold!
,, Wie froh du dann strahltest,
freier Stern der Tiefe!

(55) *(Man hört Siegfrieds Horn von der Höhe her.)*

WOGLINDE

Ich höre sein Horn.

WELLGUNDE

Der Helde naht.

FLOSSHILDE

Lasst uns beraten!

(8) *(Sie tauchen alle drei schnell unter. Siegfried erscheint auf dem Abhange in vollen Waffen.)*

SIEGFRIED

Ein Albe führte mich irr,
dass ich die Fährte verlor:
He, Schelm, in welchem Berge
(8) bargst du schnell mir das Wild?

DIE DREI RHEINTÖCHTER *(tauchen wieder auf und schwimmen im Reigen)*.

Siegfried!

FLOSSHILDE

(8) Was schiltst du so in den Grund?

WELLGUNDE

,, Welchem Alben bist du gram?

nous n'envierions plus davantage
ton œil lumineux... (19)
Or du Rhin!... (8)
Or de clarté!... ''
Comme tu rayonnerais joyeusement alors, ''
libre étoile de l'abîme!... ''

(De la hauteur, on entend le cor de Siegfried.) (55)

WOGLINDE

J'entends son cor!...

WELLGUNDE

Le héros approche!...

FLOSSHILDE

Délibérons!...

(Elles plongent rapidement toutes les trois. Siegfried, tout armé, apparaît sur la hauteur.) (8)

SIEGFRIED

Un elfe a égaré mes pas
pour que je perde la piste...
Allons! fripon, dans quel rocher
as-tu dérobé prestement le gibier à ma vue ?... (8)

LES TROIS FILLES DU RHIN *(qui réapparaissent et décrivent des cercles en nageant).*

Siegfried!...

FLOSSHILDE

A qui t'en prends-tu ainsi dans le val ?... (8)

WELLGUNDE

A quel elfe en as-tu ?... ''

WOGLINDE

Hat dich ein Nicker geneckt ?

ALLE DREI

Sag es, Siegfried, sag es uns!

SIEGFRIED *(sie lächelnd betrachtend).*

Entzücktet ihr zu euch
den zottigen Gesellen,
der mir verschwand ?
Ist's euer Friedel,
euch lustigen Frauen
lass' ich ihn gern.

(Die Mädchen lachen laut auf.)

WOGLINDE

Siegfried, was gibst du uns,
wenn wir das Wild dir gönnen ?

SIEGFRIED

Noch bin ich beutelos;
(19) so bittet, was ihr begehrt.

WELLGUNDE

(2) Ein goldner Ring
" glänzt dir am Finger!

DIE DREI MÄDCHEN

(23) Den gib uns!

SIEGFRIED

(6) Einen Riesenwurm
" erschlug ich um den Reif :
für eines schlechten Bären Tatzen
böt ich ihn nun zum Tausch ?

WOGLINDE

Quel kobold s'est moqué de toi ?...

TOUTES TROIS

Dis-le, Siegfried, dis-le-nous !...

SIEGFRIED *(les regardant en souriant).*

Avez-vous séduit pour votre compte
le compagnon hirsute
qui a disparu à ma vue ?...
Si c'est votre amoureux,
joyeuses créatures,
je vous l'abandonne volontiers !...

(Les ondines éclatent de rire.)

WOGLINDE

Siegfried, que nous offres-tu,
si nous te donnons ton gibier ?...

SIEGFRIED

Je suis encore bredouille :
demandez donc ce que vous désirez... (19)

WELLGUNDE

Un anneau d'or (2)
brille à ton doigt... ,,

LES TROIS FILLES DU RHIN

Donne-le-nous !... (23)

SIEGFRIED

J'ai tué pour l'anneau (6)
un dragon gigantesque : ,,
l'offrirais-je à présent en échange
de méchantes pattes d'ours ?...

WOGLINDE

(8) Bist du so karg?

WELLGUNDE

’’ So geizig beim Kauf?

FLOSSHILDE

’’ Freigebig
’’ solltest Frauen du sein.

SIEGFRIED

Verzehrt’ ich an euch mein Gut,
des zürnte mir wohl mein Weib.

FLOSSHILDE

Sie ist wohl schlimm?

WELLGUNDE

Sie schlägt dich wohl?

WOGLINDE

(8) Ihre Hand fühlt schon der Held!

(Sie lachen unmässig.)

SIEGFRIED

Nun lacht nur lustig zu!
In Harm lass’ ich euch doch:
denn giert ihr nach dem Ring,
euch Nickern geb’ ich ihn nie!

(Die Rheintöchter haben sich wieder zum Reigen gefasst.)

FLOSSHILDE

So schön!

WOGLINDE

Es-tu si avare ?... (8)

WELLGUNDE

Si âpre au gain ?... ”

FLOSSHILDE

Tu devrais être généreux ”
envers les femmes !... ”

SIEGFRIED

Si je dissipais mon bien avec vous,
ma femme m'en voudrait certainement !...

FLOSSHILDE

Est-elle si méchante ?...

WELLGUNDE

Elle te bat peut-être ?...

WOGLINDE

Le héros sent déjà sa main !... (8)

(Elles rient à gorge déployée.)

SIEGFRIED

Riez tout à votre aise,
mais je vous laisse pourtant en peine :
car, si vous convoitez l'anneau,
enjôleuses, moi je ne vous le donnerai pas !...

(Les Filles du Rhin ont repris leur ronde.)

FLOSSHILDE

Si beau !...

WELLGUNDE

So stark!

WOGLINDE

So gehrenswert!

DIE DREI

(8) Wie schade, dass er geizig ist!

(Lachend tauchen sie unter.)

SIEGFRIED *(tiefer in den Grund hinabsteigend).*

Was leid' ich doch
das karge Lob?
Lass' ich so mich schmähn?
Kämen sie wieder
zum Wasserrand,
den Ring könnten sie haben.
(8) He! he, he! Ihr muntren
,, Wasserminnen!
Kommt rasch! Ich schenk' euch den Ring!

(Er hat den Ring vom Finger gezogen und hält ihn in die Höhe. Die drei Rheintöchter tauchen wieder auf. Sie sind ernst und feierlich.)

FLOSSHILDE

(19) Behalt ihn, Held,
(2) und wahr ihn wohl,
,, bis du das Unheil errätst —

WOGLINDE *und* WELLGUNDE

das in dem Ring
du hegst.

ALLE DREI

Froh fühlst du dich dann,

WELLGUNDE

Si fort!...

WOGLINDE

Si désirable!...

TOUTES TROIS

Quel dommage qu'il soit avare!... (8)

(Elles plongent en riant.)

SIEGFRIED *(descendant dans la vallée).*

Pourquoi souffrir
cette réputation de ladrerie ?...
Vais-je me laisser insulter ainsi ?...
Si elles revenaient
à la rive,
elles pourraient avoir l'anneau...
Holà!... Allègres (8)
ondines!... ''
Venez vite!... Je vous offre l'anneau!...

(Il a retiré l'anneau de son doigt et l'élève à bout de bras. Les trois Filles du Rhin réémergent des flots. Elles ont à présent l'air grave et solennel.)

FLOSSHILDE

Garde-le, héros, (19)
et conserve-le bien, (2)
jusqu'à ce que tu apprennes le sort fatal ''

WOGLINDE *et* WELLGUNDE

qui est enclos pour toi en cet anneau...

LES TROIS FILLES DU RHIN

Et tu te sentiras plein de joie,

befrein wir dich von dem Fluch.

SIEGFRIED *(steckt gelassen den Ring wieder an seinen Finger).*

(2) (23) So singet, was ihr wisst!

DIE RHEINTÖCHTER

(26) Siegfried! Siegfried! Siegfried!
(2) Schlimmes wissen wir dir.

WELLGUNDE

Zu deinem Unheil
wahrst du den Ring!

ALLE DREI

(19) (2) Aus des Rheines Gold
ist der Reif geglüht.

WELLGUNDE

(2) Der ihn listig geschmiedet
’’ und schmählich verlor —

ALLE DREI

Der verfluchte ihn,
in fernster Zeit
(17) zu zeugen den Tod
’’ dem, der ihn trüg’.

FLOSSHILDE

(2) (6) Wie den Wurm du fälltest —

WELLGUNDE *und* FLOSSHILDE

So fällst auch du —

ALLE DREI

(17) Und heute noch:
(26) So heissen wir’s dir,

si nous te libérons de la malédiction...

SIEGFRIED *(remettant paisiblement l'anneau à son doigt)*.

Chantez-moi donc ce que vous savez!... (2) (23)

LES FILLES DU RHIN

Siegfried!... Siegfried!... Siegfried!... (26)
Ce que nous savons est sinistre pour toi... (2)

WELLGUNDE

C'est pour ton malheur
que tu gardes l'anneau!...

TOUTES TROIS

L'anneau tire son éclat (19) (2)
de l'or du Rhin...

WELLGUNDE

Celui qui l'a forgé par ruse (2)
et l'a perdu ignominieusement, ”

TOUTES TROIS

celui-là l'a maudit
pour toute l'éternité
afin qu'il cause la mort (17)
de celui qui le porterait!... ”

FLOSSHILDE

Tout comme tu as abattu le dragon, (2) (6)

WELLGUNDE *et* FLOSSHILDE

ainsi tu succomberas toi-même,

TOUTES TROIS

et aujourd'hui encore (17)
(ainsi te l'annonçons-nous), (26)

tauschest den Ring du uns nicht —

WELLGUNDE *und* FLOSSHILDE

Im tiefen Rhein
ihn zu bergen.

ALLE DREI

(25) Nur seine Flut
(5) sühnet den Fluch!

SIEGFRIED

(46) (8) Ihr listigen Frauen,
lasst das sein!
Traut' ich kaum eurem Schmeicheln,
euer Drohen schreckt mich noch minder!

DIE RHEINTÖCHTER

(26) Siegfried! Siegfried!
(5) Wir weisen dich wahr.
(2) Weiche, weiche dem Fluch!
73) Ihn flochten nächtlich
” webende Nornen
(27) in des Urgesetzes Seil!

SIEGFRIED

Mein Schwert zerschwang einen Speer:
(73) des Urgesetzes
(2) ewiges Seil,
(73) flochten sie wilde
(48) Flüche hinein,
(13) Notung zerhaut es den Nornen!
(64) Wohl warnte mich einst
vor dem Fluch ein Wurm,
(23) doch das Fürchten lehrt' er mich nicht!

(Er betrachtet den Ring.)

si tu ne nous échanges pas l'anneau,

WELLGUNDE *et* FLOSSHILDE

pour que nous le mettions à l'abri
dans le Rhin profond!...

TOUTES TROIS

Que seul son flot (25)
le lave de la malédiction!... (5)

SIEGFRIED

Astucieuses créatures, (8) (46)
restez-en là!
Si je ne me suis guère fié à vos flatteries,
je m'effraie encore moins de vos menaces!...

LES FILLES DU RHIN

Siegfried!... Siegfried!... (26)
Nous te donnons des avis véridiques!...
Cède, cède à la malédiction!... (5)
Les Nornes qui tissent (2)
l'ont entrelacée (73)
dans la trame des lois primordiales! (27)

SIEGFRIED

Mon glaive a brisé une lance...
Dans la trame éternelle (73)
des lois primordiales, (2)
si les Nornes ont entrelacé (73)
de farouches malédictions, (48)
Notung la tranchera pour les Nornes! (13)
Jadis, un dragon m'a mis en garde (64)
contre la malédiction,
mais il n'a pas pu m'enseigner la peur!... (23)

(Il contemple l'anneau.)

(29) Der Welt Erbe
" gewänne mir ein Ring:
für der Minne Gunst
miss' ich ihn gern;
ich geb' ihn euch, gönnt ihr mir Lust.
Doch bedroht ihr mir Leben und Leib:
fasste er nicht
eines Fingers Wert,
(26) den Reif entringt ihr mir nicht!
(2) Denn Leben und Leib,
seht: — so —
werf' ich sie weit von mir!

(Er hebt eine Erdscholle vom Boden auf, hält sie über seinem Haupte und wirft sie mit den letzten Worten hinter sich.)

DIE RHEINTÖCHTER

(8) Kommt, Schwestern!
" Schwindet dem Toren!
" So weise und stark
" verwähnt sich der Held,
" als gebunden und blind er doch ist.

(Sie schwimmen, wild aufgeregt, in weiten Schwenkungen dicht an das Ufer heran.)

Eide schwur er —
und achtet sie nicht!

(Wieder heftige Bewegung.)

Runen weiss er —
und rät sie nicht!

FLOSSHILDE, *dann* WOGLINDE

(75) Ein hehrstes Gut
" ward ihm gegönnt.

ALLE DREI

Dass er's verworfen,

Un anneau m'obtiendrait (29)
l'héritage du monde... ,,
Je m'en passerais volontiers
pour les douceurs de l'amour :
je vous le donne, si vous m'accordez vos faveurs!
Mais vous me menacez dans ma vie et mon corps :
valût-il dès lors
moins qu'un doigt,
vous ne m'arracherez pas l'anneau!... (26) (2)
Car, vie et corps,
voyez : c'est ainsi
que je les jette loin de moi!...

(Il ramasse une motte de terre, la brandit au-dessus de sa tête et, sur ses derniers mots, la jette derrière lui.)

LES FILLES DU RHIN

Allons, sœurs!... (8)
Fuyez ce fou!... ,,
Le héros s'imagine être ,,
si sage et fort, ,,
alors qu'il est pourtant captif et aveugle!... ,,

Elles nagent, dans une agitation extrême, décrivant de larges cercles et se rapprochant de la rive.)

Il a fait des serments
et ne les respecte pas!...

(Nouvelle agitation violente.)

Il connaît des runes
et n'en tient nul compte!...

FLOSSHILDE, *puis* WOGLINDE

Un bien suprême (75)
lui a été accordé : ,,

TOUTES TROIS

mais il ne sait pas

weiss er nicht.

FLOSSHILDE

Nur den Ring —

WELLGUNDE

Der zum Tod ihm taugt —

ALLE DREI

(2) Den Reif nur will er sich wahren!
" Leb wohl, Siegfried!
Ein stolzes Weib
(2) wird noch heut dich Argen beerben:
sie beut uns bessres Gehör.
Zu ihr! Zu ihr! Zu ihr!

(8) *(Sie wenden sich schnell zum Reigen, mit welchem sie gemächlich dem Hintergrunde zu fortschwimmen.)*
" *(Siegfried sieht ihnen lächelnd nach, stemmt ein Bein auf ein Felsstück am Ufer und verweilt mit auf der Hand gestütztem Kinne.)*

DIE RHEINTÖCHTER

" Weialala leia,
" Wallala leialala.

SIEGFRIED

" Im Wasser wie am Lande
" lernte nun ich Weiberart;
" wer nicht ihrem Schmeicheln traut,
" den schrecken sie mit Drohen;
" wer dem kühnlich trotzt,
" dem kommt dann ihr Keifen dran.

(Die Rheintöchter sind hier gänzlich verschwunden.)

(8) Und doch,
" trüg' ich nicht Gutrun' Treu',

qu'il l'a rejeté!...

FLOSSHILDE

L'anneau seul,

WELLGUNDE

qui servira à sa mort,

TOUTES TROIS

cet anneau seul, il veut le garder!... (2)
Adieu, Siegfried!...
Une femme altière
héritera de toi, et aujourd'hui même : (2)
elle nous prêtera une oreille plus attentive...
Allons vers elle!... Vers elle!... Vers elle!...

(Tout en nageant paisiblement, elles s'éloignent rapidement vers le fond de la scène.)
(Siegfried les suit des yeux en souriant, un pied posé sur un rocher, et le menton appuyé sur la main.) (8)

LES FILLES DU RHIN

Weialala leia, ,,
wallala leialala... ,,

SIEGFRIED

Dans l'onde comme sur la terre ferme, ,,
voici que j'ai appris à connaître les femmes : ,,
celui qui ne se fie pas à leurs flatteries, ,,
elles l'effraient par leurs menaces, ,,
et celui qui les brave hardiment, ,,
elles l'assaillent de leurs criailleries!... ,,

(Les Filles du Rhin ont complètement disparu.)

Et pourtant,
si ce n'avait été manquer à la fidélité à Gutrune,

DIE RHEINTÖCHTER *(in grösster Entfernung).*

La, la!

SIEGFRIED

der zieren Frauen eine
hätt' ich mir frisch gezähmt!

(Er blickt ihnen unverwandt nach.)
(17) (85) *(Jagdhornrufe kommen von der Höhe näher.)*

LES FILLES DU RHIN *(dans le lointain).*

La... la...

SIEGFRIED

j'aurais volontiers apprivoisé
une de ces mijaurées!...

(Il demeure dans la même attitude.) (17) (85)
(Des appels de cors se rapprochent, venant de la hauteur.)

ZWEITE SZENE

DEUXIÈME SCÈNE

(26) HAGENS STIMME *(von fern).*

Hoiho!

(55) *(Siegfried fährt aus seiner Entrücktheit auf und antwortet dem Rufe auf seinem Horne.)*

MANNEN *(ausserhalb der Szene).*

Hoiho! Hoiho!

SIEGFRIED *(antwortend).*

Hoiho! Hoiho! Hoihe!

HAGEN *(kommt auf der Höhe hervor. Gunther folgt ihm. Siegfried erblickend.)*

Finden wir endlich,
wohin du flogest ?

SIEGFRIED

Kommt herab! Hier ist's frisch und kühl!

(55) *(Die Mannen kommen alle auf der Höhe an und steigen*
(85) *nun mit Hagen und Gunther herab.)*

HAGEN

(55) Hier rasten wir
und rüsten das Mahl.

LA VOIX DE HAGEN *(au loin).*

Hoïho!... (26)

(Siegfried s'arrache à sa rêverie et sonne à son tour des (55)
fanfares sur son cor.)

DES VASSAUX *(hors de la scène).*

Hoïho!... Hoïho!...

SIEGFRIED *(leur répondant).*

Hoïho!... Hoïho!... Hoïhé!...

HAGEN *(paraît sur la hauteur, suivi de Gunther. Apercevant Siegfried).*

Trouvons-nous enfin
le lieu de ta retraite ?...

SIEGFRIED

Descendez!... Il fait frais ici!...

(Surgissant sur la hauteur, tous les vassaux descendent (55)
avec Hagen et Gunther). (85)

HAGEN

Faisons halte ici
et préparons le repas... (55)

(Jagdbeute wird zuhauf gelegt.)

Lasst ruhn die Beute
(55) und bietet die Schläuche!

(Schläuche und Trinkhörner werden hervorgeholt. Alles lagert sich.)

Der uns das Wild verscheuchte,
nun sollt ihr Wunder hören,
was Siegfried sich erjagt.

SIEGFRIED *(lachend).*

Schlimm steht es um mein Mahl:
von eurer Beute
bitte ich für mich.

HAGEN

Du beutelos?

SIEGFRIED

(55) Auf Waldjagd zog ich aus,
(8) doch Wasserwild zeigte sich nur.
" War ich dazu recht beraten,
" drei wilde Wasservögel
hätt' ich euch wohl gefangen,
die dort auf dem Rhein mir sangen,
(26) (86) erschlagen würd' ich noch heut.

(Er lagert sich zwischen Gunther und Hagen.)

GUNTHER *(erschrickt und blickt düster auf Hagen).*

HAGEN

Das wäre üble Jagd,
wenn den Beutelosen selbst
ein lauernd Wild erlegte!

(Ils entassent le gibier qu'ils ont abattu.)

Déposez là vos proies
et faites circuler les outres!... (55)

(On apporte les outres et les cornes à boire. Tous s'étendent à même le sol.)

A présent, vous allez entendre merveilles
de la chasse de Siegfried
qui a effarouché notre gibier!...

SIEGFRIED *(en riant).*

Mon repas se présente mal :
je demande pour moi
une part de vos prises!...

HAGEN

Toi, bredouille ?...

SIEGFRIED

J'étais parti chasser au bois, (55)
mais je n'ai vu que du gibier d'eau. (8)
Si j'avais été bien inspiré, ,,
je vous aurais bel et bien attrapé ,,
trois oiseaux sauvages des ondes
qui, là, dans le Rhin, m'ont appris
que je serais tué aujourd'hui même... (26) (86)

(Il s'étend entre Gunther et Hagen.)

GUNTHER *(a un mouvement d'effroi et jette un regard sombre sur Hagen.)*

HAGEN

Piètre chasse, celle-là,
où le gibier aux aguets
tuerait le chasseur bredouille!...

SIEGFRIED

Mich dürstet!

HAGEN *(indem er für Siegfried ein Trinkhorn füllen lässt und es diesem dann darreicht).*

Ich hörte sagen, Siegfried,
(66) der Vögel Sangessprache
verstündest du wohl:
so wäre das wahr?

SIEGFRIED

Seit lange acht' ich
(8) des Lallens nicht mehr.

(Er fasst das Trinkhorn und wendet sich damit zu Gunther. Er trinkt und reicht das Horn Gunther hin.)

(85) Trink, Gunther, trink!
Dein Bruder bringt es dir!

GUNTHER *(gedankenvoll und schwermütig in das Horn blickend, dumpf).*

(82) Du mischtest matt und bleich
(noch gedämpfter.)
(26) dein Blut allein darin!

SIEGFRIED *(lachend).*

So misch es mit dem deinen!

(Er giesst aus Gunthers Horn in das seine, so dass dieses
(16) (85) *überläuft.)*

Nun floss gemischt es über:
der Mutter Erde
,, lass das ein Labsal sein!

GUNTHER *(mit einem heftigen Seufzer).*

Du überfroher Held!

SIEGFRIED

J'ai soif!...

HAGEN *(tout en faisant remplir une corne à boire qu'il tend ensuite à Siegfried).*

J'ai entendu dire, Siegfried,
que tu pouvais comprendre (66)
le sens du chant des oiseaux :
serait-ce donc vrai ?...

SIEGFRIED

Il y a longtemps
que je ne prête plus attention à leur ramage!... (8)

(Il prend la corne à boire et la tend à Gunther après avoir bu lui-même.)

Bois, Gunther, bois : (85)
ton frère boit à ta santé!...

GUNTHER *(d'une voix sourde, après s'être penché pensivement et mélancoliquement sur la corne à boire.)*

C'est ton sang seul (82)
(d'une voix encore plus sourde)
que tu y as mélangé, languissant et décoloré!... (26)

SIEGFRIED *(en riant).*

Mélange-le donc avec le tien!...

(Il transvase une partie du contenu de la corne à boire (16)
de Gunther dans la sienne, qui déborde bientôt.) (85)

Le mélange a débordé :
pour notre mère la terre,
que ce soit un rafraîchissement!... (16)

GUNTHER *(avec un profond soupir).*

Héros débordant de gaieté!...

SIEGFRIED *(leise zu Hagen).*

(14) Ihm macht Brünnhilde Müh?

HAGEN *(leise zu Siegfried).*

Verstünd' er sie so gut,
(8) wie du der Vögel Sang!

SIEGFRIED

(66) Seit Frauen ich singen hörte,
vergass ich der Vöglein ganz.

HAGEN

Doch einst vernahmst du sie?

SIEGFRIED *(sich lebhaft zu Gunther wendend).*

Hei, Gunther,
grämlicher Mann!
Dankst du es mir,
so sing' ich dir Mären
(9) aus meinen jungen Tagen.

GUNTHER

Sie hör' ich gern.

(Alle lagern sich nah an Siegfried, welcher allein auf-
(66) *recht sitzt, während die andern tiefer gestreckt liegen.)*

HAGEN

So singe, Held!

SIEGFRIED

Mime hiess
(9) ein mürrischer Zwerg;
,, in des Neides Zwang
zog er mich auf,
dass einst das Kind,

SIEGFRIED *(bas, à Hagen).*

Brünnhilde lui cause du souci ?... (14)

HAGEN *(bas, à Siegfried).*

Ah! s'il pouvait la comprendre aussi bien
que tu comprends le chant des oiseaux!... (8)

SIEGFRIED

Depuis que j'ai écouté le chant des femmes, (66)
j'ai complètement oublié celui des oiseaux!...

HAGEN

Tu l'as pourtant compris jadis ?...

SIEGFRIED *(se tournant avec vivacité vers Gunther).*

Allons! Gunther,
morose compagnon :
si cela peut t'agréer,
je vais te chanter l'histoire
de mes jeunes années!... (9)

GUNTHER

Je l'écouterai volontiers...

(Tous s'étendent non loin de Siegfried qui, assis, le buste droit, domine tous ses auditeurs.) (66)

HAGEN

Chante donc, héros!...

SIEGFRIED

Mime : ainsi se nommait (9)
un nain hargneux.
C'est poussé par l'envie
qu'il m'éleva,
pour que, un jour, l'enfant,

wann kühn es erwuchs,
(6) einen Wurm ihm fällt' im Wald,
der faul dort hütet einen Hort.
(9) (57) Er lehrte mich schmieden
" " und Erze schmelzen;
doch was der Künstler
selber nicht konnt',
des Lehrlings Mute
musst' es gelingen :
eines zeschlagnen Stahles Stücke
(13) neu zu schweissen zum Schwert.
Des Vaters Wehr
fügt' ich mir neu :
nagelfest
schuf ich mir Notung.
(22) Tüchtig zum Kampf
dünkt' er dem Zwerg :
(6) der führte mich nun zum Wald :
dort fällt' ich Fafner, den Wurm.
Jetzt aber merkt
(34) wohl auf die Mär :
Wunder muss ich euch melden.
Von des Wurmes Blut
mir brannten die Finger;
(34) sie führt ich kühlend zum Mund :
kaum netzt' ein wenig
die Zunge das Nass,
was da die Vöglein sangen,
das konnt' ich flugs verstehn.
(66) Auf den Ästen sass es und sang :
" (65) " Hei! Siegfried gehört nun
" " der Nibelungen Hort!
" " Oh! fänd' in der Höhle
" " den Hort er jetzt!
" " Wollt' er den Tarnhelm gewinnen,
" " der taugt' ihm zu wonniger Tat!

devenu grand et vaillant,
lui tuât dans la forêt un dragon (6)
qui y gardait passivement un trésor.
Il m'apprit à forger (9) (57)
et à fondre le métal.
Mais ce que l'artiste
ne pouvait arriver à faire
devait être mené à bien
par la valeur de l'élève :
au moyen des débris d'un acier brisé,
forger un nouveau glaive... (13)
J'ai refait à mon usage
l'arme paternelle :
solidement rivée,
j'ai reforgé Notung...
Le nain la jugea (22)
apte au combat :
il me conduisit alors dans la forêt, (6)
et j'y ai tué Fafner, le dragon.
A présent, suivez
bien mon récit, (34)
car je dois vous narrer des prodiges.
Le sang du dragon
me brûlait les doigts :
je les portai à mes lèvres pour les rafraîchir... (34)
A peine ma langue
les eut-elle humectés,
j'ai pu comprendre
ce que les oiseaux chantaient.
Perché dans la ramure, l'un d'eux chantait : (66) (65)
« Hé! c'est à Siegfried qu'appartient à présent ” ”
le trésor des Nibelungen!... ” ”
Oh! s'il trouvait maintenant ” ”
le trésor dans la caverne!... ” ”
S'il voulait conquérir le heaume magique ” ”
qui lui servirait pour l'exploit enivrant!... ” ”

Doch möcht' er den Ring sich erraten,
der macht' ihn zum Walter der Welt! "

HAGEN

Ring und Tarnhelm
trugst du nun fort ?

EIN MANNE

(34) Das Vöglein hörtest du wieder ?

SIEGFRIED

Ring und Tarnhelm
hatt' ich gerafft :
(65) da lauscht' ich wieder
" dem wonnigen Laller;
" der sass im Wipfel und sang :
" (66) " Hei, Siegfried gehört nun
" " der Helm und der Ring.
" " Oh, traute er Mime,
" " dem Treulosen, nicht!
" " Ihm sollt' er den Hort nur erheben;
" " nun lauert er listig am Weg :
" " nach dem Leben trachtet er Siegfried.
" " Oh, traute Siegfried nicht Mime! "

HAGEN

(34) Es mahnte dich gut ?

VIER MANNEN

" Vergaltest du Mime ?

SIEGFRIED

Mit tödlichem Tranke
trat er zu mir;
bang und stotternd
gestand er mir Böses :

Et s'il pouvait deviner la valeur de l'anneau
qui ferait de lui le maître du monde!... »

HAGEN

L'anneau et le heaume magique,
tu les as emportés ?...

UN VASSAL

Tu as encore entendu l'oiseau ?... (34)

SIEGFRIED

Je me suis emparé
de l'anneau et du heaume magique,
puis j'ai réécouté (65)
le ravissant chanteur ’’
qui gazouillait à la cime de l'arbre : ’’
« Hé! c'est à Siegfried qu'appartiennent à présent ’’ (66)
le heaume et l'anneau!... ’’ ’’
Oh! qu'il ne se fie pas
à Mime le fourbe!... ’’ ’’
C'est pour le nain qu'il devait recueillir le trésor :
pour le nain qui l'épie sournoisement ’’ ’’
et qui veut attenter à ses jours!... ’’ ’’
Oh! que Siegfried ne se fie pas à Mime!... » ’’

HAGEN

L'avertissement était bon ?... (34)

QUATRE VASSAUX

Tu as payé son dû à Mime ?...

SIEGFRIED

Avec un breuvage mortel
il s'approcha de moi...
Couard et bredouillant,
il m'avoua sa félonie :

Notung streckte den Strolch!

HAGEN *(grell lachend).*

(9) Was nicht er geschmiedet,
,, schmeckte doch Mime!

ZWEI MANNEN *(nacheinander).*

Was wies das Vöglein dich wieder?

HAGEN *(lässt ein Trinkhorn neu füllen und träufelt den Saft eines Krautes hinein).*

(80) Trink erst, Held,
,, aus meinem Horn:
,, ich würzte dir holden Trank,
(14) die Erinnerung hell dir zu wecken,

(er reicht Siegfried das Horn).

(81) dass Fernes nicht dir entfalle!

(75) SIEGFRIED *(blickt gedankenvoll in das Horn und trinkt dann langsam).*

(76) In Leid zu dem Wipfel
(65) (66) lauscht' ich hinauf;
,, ,, da sass es noch und sang:
,, ,, "Hei, Siegfried erschlug nun
,, ,, den schlimmen Zwerg!
,, ,, Jetzt wüsst' ich ihm noch
,, ,, das herrlichste Weib.
,, ,, Auf hohem Felsen sie schläft,
,, ,, Feuer umbrennt ihren Saal;
,, ,, durchschritt' er die Brunst,
,, ,, weckt' er die Braut,
,, ,, Brünnhilde wäre dann sein!"

HAGEN

Und folgtest du

Notung étendit raide mort le gredin!...

HAGEN *(avec un rire perçant).*

Mime a donc tâté (9)
de ce qu'il n'avait pas forgé!... ,,

UN VASSAL, puis UN AUTRE VASSAL

Qu'est-ce que l'oiseau t'a encore révélé ?...

HAGEN *(fait remplir une corne à boire et y exprime le suc d'une plante).*

Bois d'abord, héros, (80)
prends ma corne : ,,
j'y ai mêlé des aromates ,,
pour éveiller tes souvenirs, (14)

(tendant la corne à boire à Siegfried).

afin que tu n'omettes rien du lointain passé... (81)

SIEGFRIED *(contemple pensivement le breuvage, puis boit lentement).* (75) (76)

Tout attristé, je tendis l'oreille
vers la frondaison...
L'oiseau y était toujours et chantait : (65) (66)
« Hé! voici que Siegfried a frappé ,, ,,
le nain pervers!... ,, ,,
Maintenant, je connais encore pour lui ,, ,,
la plus sublime des femmes... ,, ,,
Elle dort sur un roc altier : ,, ,,
le feu encercle le lieu de son séjour... ,, ,,
Que Siegfried traverse les flammes, ,, ,,
qu'il éveille la fiancée, ,, ,,
et Brünnhilde alors serait à lui!... » ,, ,,

HAGEN

As-tu suivi

des Vögleins Rate?

SIEGFRIED

Rasch ohne Zögern
zog ich nun aus,

(Gunther hört mit wachsendem Erstaunen zu.)

bis den feurigen Fels ich traf:
die Lohe durchschritt ich
(10) und fand zum Lohn

(in immer grössere Verzückung geratend).

(52) schlafend ein wonniges Weib
" in lichter Waffen Gewand.
Den Helm löst' ich
der herrlichen Maid;
mein Kuss erweckte sie kühn:
(67) (68) oh, wie mich brünstig da umschlang
" " der schönen Brünnhilde Arm!

GUNTHER *(in höchstem Schrecken aufspringend).*

Was hör' ich!

(Zwei Raben fliegen aus einem Busche auf, kreisen über Siegfried und fliegen dann, dem Rheine zu, davon.)

HAGEN

Errätst du auch
dieser Raben Geraun'?

(17) *(Siegfried fährt heftig auf und blickt, Hagen den Rücken zukehrend, den Raben nach.)*

Rache rieten sie mir!

(Er stösst seinen Speer in Siegfrieds Rücken: Gunther
(48) *fällt ihm — zu spät — in den Arm. Siegfried schwingt mit beiden Händen seinen Schild hoch empor, um Hagen*

le conseil de l'oiseau ?...

SIEGFRIED

Prompt, sur-le-champ,
je me suis mis en route,

(Gunther écoute avec un étonnement croissant).

et je suis arrivé au roc flamboyant : (16)
j'ai traversé la flamme ,,
et j'ai trouvé en récompense (10)

(avec un ravissement croissant).

une femme enivrante, endormie (52)
dans une armure étincelante... ,,
J'ai enlevé son casque
à la vierge sublime...
Mon baiser ardent l'a réveillée...
Oh! avec quelle passion brûlante m'ont étreint (67) (68)
les bras de la belle Brünnhilde!... ,, ,,

GUNTHER *(se dressant, épouvanté).*

Qu'entends-je!...

(Deux corbeaux s'envolent d'un buisson, planent au-dessus de Siegfried et s'éloignent en direction du Rhin.)

HAGEN

Comprends-tu également le sens
du cri de ces corbeaux ?...

(Siegfried se lève d'un bond et, tournant le dos à Hagen, suit du regard le vol des corbeaux.) (17)

C'est la vengeance, qu'ils m'ont conseillée!...

(Il enfonce sa lance dans le dos de Siegfried. Gunther, trop tard, tente d'arrêter son bras. Des deux mains, Siegfried lève son bouclier pour en écraser Hagen, mais

damit zu zerschmettern: die Kraft verlässt ihn, der Schild entsinkt ihm rückwärts; er selbst stürzt über dem Schilde zusammen.)

VIER MANNEN *(welche vergebens Hagen zurückzuhalten versucht).*

Hagen, was tust du?

ZWEI ANDERE

(46) Was tatest du?

GUNTHER

(82) Hagen, was tatest du?

HAGEN *(auf den zu Boden Gestreckten deutend).*

,, Meineid rächt' ich!

(Er wendet sich ruhig ab und verliert sich dann einsam über die Höhe, wo man ihn langsam durch die bereits mit der Erscheinung der Raben eingebrochene Dämme-
(46) *rung von dannen schreiten sieht. Gunther beugt sich schmerzergriffen zu Siegfried nieder. Die Mannen umstehen teilnahmsvoll den Sterbenden.)*

SIEGFRIED *(von zwei Mannen sitzend erhalten, schlägt die Augen glanzvoll auf).*

(68) Brünnhilde!
,, Heilige Braut!
(46) Wach auf! Öffne dein Auge!
Wer verschloss dich
wieder in Schlaf?
Wer band dich in Schlummer so bang?
Der Wecker kam;
(48) er küsst dich wach,
,, und aber der Braut
,, bricht er die Bande:

ses forces l'abandonnent, le bouclier lui échappe, et lui-même tombe à la renverse sur le bouclier.) (48)

QUATRE VASSAUX *(qui ont vainement tenté de retenir Hagen).*

Hagen, que fais-tu ?...

DEUX AUTRES VASSAUX

Qu'as-tu fait ?... (46)

GUNTHER

Hagen, qu'as-tu fait ?... (82)

HAGEN *(désignant Siegfried étendu sur le sol).* ,,

J'ai vengé son parjure!... ,,

(Il s'éloigne lentement, gravissant seul la hauteur où on le voit se perdre dans le crépuscule qui a commencé à tomber au moment où les corbeaux se sont envolés. (46) *Saisi de douleur, Gunther se penche sur Siegfried. Bouleversés, les vassaux entourent le moribond.)*

SIEGFRIED *(sur son séant, soutenu par deux guerriers, ouvre des yeux brillant de fièvre.)*

Brünnhilde!... (68)
Sainte épouse!... ,,
Éveille-toi!... Ouvre les yeux!... (46)
Qui t'a enfermée
de nouveau dans le sommeil ?...
Qui t'a entravée si étroitement dans cette léthargie ?...
L'éveilleur est arrivé...
Il t'éveille par son baiser... (48)
Et voici qu'il brise ,,
les liens de l'épouse : ,,

da lacht ihm Brünnhildes Lust!
(69) Ach! Dieses Auge,
,, ewig nun offen!
,, Ach, dieses Atems
(70) wonniges Wehen!
Süsses Vergehen,
seliges Grauen :
(46) Brünnhild' bietet mir — Gruss!

(Er sinkt zurück und stirbt. Regungslose Trauer der Umstehenden. Die Nacht ist hereingebrochen. Auf die stumme Ermahnung Gunthers erheben die Mannen Siegfrieds Leiche und geleiten sie in feierlichem Zuge über die Felsenhöhe langsam von dannen. Gunther folgt der Leiche zunächst.)

la joie de Brünnhilde lui rit!...
Ah! ces yeux (69)
ouverts à présent à jamais!... ,,
Ah! le souffle suave
de cette respiration!... (70)
Douce agonie...
Divine aurore...
Brünnhilde m'offre... son salut!... (46)

(Il se laisse tomber en arrière et meurt. Tristesse accablée des assistants. La nuit est tombée. Sur un signe de Gunther, les vassaux hissent sur leurs épaules le cadavre de Siegfried, et leur cortège solennel gravit lentement la colline. Gunther marche à quelques pas du corps.)

Orchesterzwischenspiel (TRAUERMUSIK)

Leitmotive : *Wälsungenweh - Wälsungen - Mitleid-Liebe-Schwert - Siegfried - Siegfrieds Horn - Heldenthema - Brünnhilde - Wehe - Fluch - Goldherrschaft - Gutrune -*

(Der Mond bricht durch die Wolken hervor und beleuchtet immer heller den die Berghöhe erreichenden Trauerzug. Dann steigen Nebel aus dem Rheine auf und erfüllen allmählich die ganze Bühne, auf welcher der Trauerzug bereits unsichtbar geworden ist, bis nach vorne, so dass diese während des Zwischenspiels gänzlich verhüllt bleibt. Als sich die Nebel wieder verteilen, tritt die Halle der Gibichungen, wie im ersten Aufzuge, immer erkennbarer hervor.)

INTERLUDE ORCHESTRAL (MARCHE FUNÈBRE)

Leitmotivs : *Race des Wälsungen — Héroïsme des Wälsungen — Compassion — Amour — Glaive — Siegfried, gardien de l'Épée — Thème héroïque — Brünnhilde — Servitude — Malédiction de l'Anneau — Puissance d'Alberich — Bienvenue de Gutrune.*

(La clarté de la lune perce les nuées et éclaire de plus en plus vivement le cortège funèbre parvenu au sommet de la colline. Des brumes s'élèvent alors du Rhin et envahissent graduellement toute la scène, dissimulant bientôt complètement tout le paysage. Quand les brumes se dissipent, on reconnaît, comme au premier acte, le palais des Gibichungen.)

DRITTE SZENE

TROISIÈME SCÈNE

DIE HALLE DER GIBICHUNGEN

Es ist Nacht. Mondschein spiegelt sich auf dem Rheine. Gutrune tritt aus ihrem Gemache in die Halle hinaus.

GUTRUNE

(26) War das sein Horn? *(Sie lauscht.)*
Nein! Noch
(79) kehrt er nicht heim.
(55) Schlimme Träume
störten mir den Schlaf!
(40) Wild wieherte sein Ross;
" Lachen Brünnhildes
weckte mich auf.
Wer war das Weib,
(8) (75) das ich zum Ufer schreiten sah?
Ich fürchte Brünnhild'!
(46) Ist sie daheim?

(Sie lauscht an der Tür rechts und ruft dann leise.)

Brünnhild'! Brünnhild'!
(75) Bist du wach?

(Sie öffnet schüchtern und blickt in das innere Gemach.)

Leer das Gemach.
So war es sie,
(85) die ich zum Rheine schreiten sah!

LE PALAIS DES GIBICHUNGEN

Il fait nuit. Le clair de lune se reflète sur les flots du Rhin. Gutrune sort de son logis.

GUTRUNE

Était-ce son cor ?... *(Elle écoute).* (26)
Non !... Il ne rentre
pas encore... (79)
Des rêves funestes (55)
ont troublé mon sommeil...
Son cheval a henni farouchement... (40)
Le rire de Brünnhilde
m'a réveillée...
Quelle était la femme
que j'ai vue s'avancer vers la rive ?... (8) (75)
J'ai peur de Brünnhilde !...
Est-elle là ?... (46)

(Elle écoute à la porte de droite, et appelle à mi-voix.)

Brünnhilde !... Brünnhilde !...
Veilles-tu ?... (75)

(Elle ouvre la porte en hésitant et regarde à l'intérieur du logis.)

Le logis est vide...
C'était donc bien elle
que j'ai vue s'avancer vers le Rhin !... (85)

(Sie erschrickt und lauscht nach der Ferne.)

War das sein Horn ?
Nein!
(79) Öd alles!
Säh' ich Siegfried nur bald!

(Sie will sich wieder ihrem Gemache zuwenden: als sie jedoch Hagens Stimme vernimmt, hält sie an und bleibt, von Furcht gefesselt, eine Zeitlang unbeweglich stehen.)

HAGENS STIMME *(von aussen sich nähernd).*

(86) Hoiho! Hoiho!
" Wacht auf! Wacht auf!
" Lichte! Lichte!
Helle Brände!
Jagdbeute
bringen wir heim.
(26) (85) Hoiho! Hoiho!

(Licht und wachsender Feuerschein von aussen.)

HAGEN *(betritt die Halle).*

(85) Auf, Gutrun'!
" Begrüsse Siegfried!
(74) Der starke Held,
er kehret heim!

GUTRUNE *(in grosser Angst).*

(86) Was geschah ? Hagen!
(55) Nicht hört' ich sein Horn!

(Männer und Frauen, mit Lichtern und Feuerbränden, geleiten den Zug der mit Siegfrieds Leiche Heimkehrenden, unter denen Gunther.)

HAGEN

(82) Der bleiche Held,

(Prise de peur, elle écoute attentivement.)

Était-ce son cor ?...
Non !...
Tout est désert !... (79)
Ah ! si je pouvais voir bientôt Siegfried !...

(Elle s'apprête à regagner son logis, mais, en entendant la voix de Hagen, elle s'arrête et demeure ainsi, sans un mouvement, comme paralysée par la crainte.)

LA VOIX DE HAGEN *(se rapprochant).*

Hoïho !... Hoïho !... (86)
Debout !... Debout !... ''
Des lumières !... Des lumières !... ''
Des torches !...
Nous ramenons
le butin de notre chasse !...
Hoïho !... Hoïho !... (85)

(Lueurs croissantes au-dehors.)

HAGEN *(pénétrant dans la salle).*

Allons, Gutrune !... (26) (85)
Salue Siegfried !... ''
Le robuste héros (74)
rentre au logis !...

GUTRUNE *(pleine d'angoisse).*

Qu'est-il arrivé ?... Hagen !... (86)
Je n'ai pas entendu son cor !... (55)

(Des vassaux et des suivantes, avec des torches allumées, escortent le cortège de ceux — et, parmi eux, Gunther — qui ramènent le cadavre de Siegfried.)

HAGEN

Le pâle héros (82)

(82) nicht bläst er es mehr;
” nicht stürmt er zur Jagd,
zum Streite nicht mehr,
(55) noch wirbt er um wonnige Frauen.

GUTRUNE *(mit wachsendem Entsetzen).*

Was bringen die?

(48) *(Der Zug gelangt in die Mitte der Halle, und die Mannen setzen dort die Leiche auf einer Erhöhung nieder.)*

HAGEN

Eines wilden Ebers Beute:
Siegfried, deinen toten Mann.

(Gutrune schreit auf und stürzt über die Leiche. Allgemeine Erschütterung und Trauer.)

GUNTHER *(bemüht sich um die Ohnmächtige).*

Gutrun', holde Schwester,
hebe dein Auge,
schweige mir nicht!

GUTRUNE *(wieder zu sich kommend).*

Siegfried — Siegfried erschlagen!

(Sie stösst Gunther heftig zurück.)

Fort, treuloser Bruder,
du Mörder meines Mannes!
O Hilfe! Hilfe!
Wehe! Wehe!
Sie haben Siegfried erschlagen!

GUNTHER

(77) Nicht klage wider mich!
Dort klage wider Hagen;

ne sonnera plus du cor... (82)
Il ne s'élancera plus ,,
à la chasse ni au combat...
Il ne demandera plus en mariage des femmes sédui-
[santes... (55)

GUTRUNE *(avec une épouvante croissante).*

Qu'apportent ces gens ?...

(Le cortège atteint le milieu de la salle, et le cadavre est déposé sur un banc de pierre.)

HAGEN

La proie d'un sanglier féroce :
Siegfried, ton époux décédé!...

(Gutrune pousse un cri et s'affaisse sur le cadavre, dans la consternation générale.)

GUNTHER *(s'efforçant de ranimer Gutrune).*

Gutrune, douce sœur,
ouvre les yeux,
sors de ton silence!...

GUTRUNE *(revenant à elle).*

Siegfried!... Siegfried tué!...

(Elle repousse Gunther avec violence.)

Va-t'en, frère déloyal,
assassin de mon époux!...
A l'aide!... A l'aide!...
Hélas!... Hélas!...
Ils ont tué Siegfried!...

GUNTHER

Ne m'accuse pas!... (77)
Accuse Hagen, là!...

(55) er ist der verfluchte Eber,
der diesen Edlen zerfleischt'.

HAGEN

(77) Bist du mir gram darum ?

GUNTHER

(84) Angst und Unheil
" greife dich immer!

HAGEN *(mit furchtbarem Trotze herantretend).*

Ja denn! Ich hab' ihn erschlagen.
(77) Ich, Hagen,
(82) schlug ihn zu Tod.
Meinem Speer war er gespart,
bei dem er Meineid sprach.
Heiliges Beuterecht
hab' ich mir nun errungen :
(2) drum fordr' ich hier diesen Ring.

GUNTHER

Zurück! Was mir verfiel,
sollst nimmer du empfahn.

HAGEN

(2) Ihr Mannen, richtet mein Recht!

GUNTHER

" Rührst du an Gutrunes Erbe,
(79) schamloser Albensohn ?

HAGEN *(sein Schwert ziehend).*

(17) (2) Des Alben Erbe
" " fordert so sein Sohn!

(26) *(Er dringt auf Gunther ein, dieser wehrt sich; sie fechten.*

C'est lui, le sanglier exécrable (55)
qui a déchiqueté ce noble héros!...

HAGEN

M'en gardes-tu rancune ?... (77)

GUNTHER

Que l'angoisse et le malheur (84)
s'emparent de toi à jamais!... ,,

HAGEN *(s'avançant, d'un air de défi effrayant).*

Eh! bien, oui!... C'est moi qui l'ai tué!...
Moi, Hagen, (77)
je l'ai frappé à mort!... (82)
Il était voué à ma lance
sur laquelle il s'est parjuré...
Je me suis assuré à présent
un droit sacré au butin :
en vertu de ce droit, ici, je réclame cet anneau!... (2)

GUNTHER

Arrière!... Ce qui m'est échu en partage,
tu ne le recevras jamais!...

HAGEN

Vous tous, vassaux, proclamez mon droit!... (2)

GUNTHER

Vas-tu toucher à l'héritage de Gutrune, (79)
fils impudent d'Alberich ?...

HAGEN *(tirant son glaive).* (17) (2)

L'héritage d'Alberich,
son fils l'exige ainsi!... ,, ,,

(Il se précipite sur Gunther, qui se défend. Bref combat, (26)

(21) *Mannen werfen sich dazwischen. Gunther fällt von einem Streiche Hagens.)*

(13) Her den Ring!

(Er greift nach Siegfrieds Hand; diese hebt sich drohend empor. Gutrune und die Frauen schreien entsetzt laut auf. Alles bleibt in Schauder regungslos gefesselt. Vom Hintergrunde her schreitet Brünnhilde fest und feierlich
(5) *dem Vordergrunde zu.)*

BRÜNNHILDE *(noch im Hintergrunde).*

(25) Schweigt eures Jammers
(5) jauchzenden Schwall.
(25) Das ihr alle verrietet,
(5) (46) zur Rache schreitet sein Weib.

(Sie schreitet ruhig weiter vor.)

Kinder hört' ich
greinen nach der Mutter,
(46) da süsse Milch sie verschüttet :
doch nicht erklang mir
(47) würdige Klage,
" des hehrsten Helden wert.

GUTRUNE *(vom Boden heftig sich aufrichtend).*

Brünnhilde! Neiderboste!
Du brachtest uns diese Not :
die du die Männer ihm verhetztest,
weh, dass du dem Haus genaht!

BRÜNNHILDE

(79) Armselige, schweig!
Sein Eheweib warst du nie,
als Buhlerin
bandest du ihn.
(67) Sein Mannesgemahl bin ich,

tandis que les vassaux s'interposent. Gunther tombe, frappé par Hagen.) (21)

A moi l'anneau!... (13)

(Il veut saisir la main de Siegfried, mais celle-ci se dresse, menaçante! Gutrune et les femmes poussent des cris perçants. Tous demeurent immobiles, saisis d'horreur. A ce moment, d'un pas ferme et solennel, Brünnhilde s'avance vers le devant de la scène.) (5)

BRÜNNHILDE *(encore au fond de la scène).*

Trève au torrent sonore (25)
de vos lamentations!... (5)
Celle que vous avez tous trahie, (25)
sa femme, s'avance pour la vengeance!... (5) (46)

(Elle poursuit sa marche paisible.)

J'ai entendu des enfants
s'adresser en pleurant à leur mère
pour qu'elle leur donne un lait nourricier : (46)
mais je n'ai pas entendu
s'élever la déploration solennelle (47)
digne du plus sublime des héros!... ,,

GUTRUNE *(se relevant avec violence).*

Brünnhilde!... Cœur plein de haine!...
C'est toi qui as attiré sur nous cette détresse :
toi qui as excité ces hommes contre lui,
hélas! pourquoi t'es-tu approchée de cette maison!...

BRÜNNHILDE

Malheureuse, tais-toi!... (79)
Tu n'as jamais été son épouse :
c'est comme maîtresse
que tu as régné sur lui...
C'est moi qui suis son épouse, (67)

der ewige Eide er schwur,
eh Siegfried je dich ersah.

GUTRUNE *(in jähe Verzweiflung ausbrechend).*

(81) Verfluchter Hagen,
dass du das Gift mir rietest,
das ihr den Gatten entrückt!
Ach, Jammer!
(79) Wie jäh nun weiss ich's,
Brünnhild' war die Traute,
die durch den Trank er vergass!

(Sie wendet sich voll Scheu von Siegfried ab und beugt
(46) *sich, im Schmerz aufgelöst, über Gunthers Leiche; so verbleibt sie regungslos bis zum Ende. Hagen steht, trotzig auf Speer und Schild gelehnt, in finsteres Sinnen versunken, auf der entgegengesetzten Seite.)*

BRÜNNHILDE *(allein in der Mitte; nachdem sie lange, zuerst mit tiefer Erschütterung, dann mit fast überwältigender Wehmut das Angesicht Siegfrieds betrachtet, wendet sie sich mit feierlicher Erhebung an die Männer und Frauen).*

(61) Starke Scheite
" schichtet mir dort
" am Rande des Rheins zuhauf!
(53) Hoch und hell
" lodre die Glut,
" die den edlen Leib
(48) (5) des hehrsten Helden verzehrt.
Sein Ross führet daher,
(53) dass mit mir dem Recken es folge;
(48) denn des Helden heiligste
" Ehre zu teilen,
(61) (40) verlangt mein eigener Leib.

et il m'a fait des serments éternels
avant même de t'avoir jamais vue!...

GUTRUNE *(laissant éclater son désespoir).*

Maudit sois-tu, Hagen, (81)
pour m'avoir conseillé le philtre
qui lui a ravi son époux!...
Ah! malheur!...
Je viens de tout comprendre : (79)
Brünnhilde était la bien-aimée
qu'il a oubliée par les effets du philtre!...

(Pleine de honte, elle s'éloigne du corps de Siegfried et se jette, éperdue de douleur, sur le cadavre de Gunther. Elle demeurera ainsi, sans un mouvement, jusqu'à la fin. De l'autre côté de la scène, s'appuyant sur sa lance et son bouclier, Hagen se tient debout, dans une attitude pleine de défi, et perdu dans de sombres méditations.) (46)

BRÜNNHILDE *(seule au milieu de la scène. Elle contemple longuement le visage de Siegfried, d'abord avec une profonde émotion, puis en dominant sa tristesse. Elle s'adresse alors aux assistants avec une exaltation pleine de solennité.)*

Dressez-moi (61)
un bûcher imposant ”
au bord du Rhin!... ”
Haut et clair, (53)
que flambe le brasier ”
qui consumera le noble corps ”
du sublime héros!... (5) (48)
Conduisez là son coursier, (40)
pour qu'il suive son maître avec moi : (53)
car mon propre corps aspire (48)
à partager la gloire ”
suprême du héros!... (40)

(61) Vollbringt Brünnhildes Wunsch!

(Die jüngeren Männer errichten während des Folgenden vor der Halle nahe am Rheinufer einen mächtigen Scheiterhaufen, Frauen schmücken ihn mit Decken, auf die sie Kräuter und Blumen streuen.)

BRÜNNHILDE *(versinkt von neuem in die Betrachtung der Leiche Siegfrieds. Ihre Mienen nehmen immer sanftere Verklärung an).*

(69) Wie Sonne lauter
,, strahlt mir sein Licht:
,, der Reinste war er,
der mich verriet!
Die Gattin trügend,
treu dem Freunde,
von der eignen Trauten,
einzig ihm teuer,
(13) schied er sich durch sein Schwert.
Echter als er
schwur keiner Eide;
(69) treuer als er
,, hielt keiner Verträge;
,, lautrer als er
,, liebte kein andrer:
und doch, alle Eide,
alle Verträge,
die treueste Liebe
(83) trog keiner wie er!
(47) Wisst ihr, wie das ward?

(Nach oben blickend.)

(29) O ihr, der Eide
,, ewige Hüter!
Lenkt euren Blick
auf mein blühendes Leid,

Exécutez l'ordre de Brünnhilde!... (61)

(Pendant ce qui suit, les plus jeunes des vassaux dressent au bord du Rhin un vaste bûcher que les femmes ornent de verdure et de fleurs.)

BRÜNNHILDE *(se perd de nouveau dans la contemplation du cadavre de Siegfried, tandis qu'une douceur grandissante transfigure ses traits.)*

Éclatante comme le soleil, (69)
sa lumière rayonne pour moi : ,,
celui qui m'a trahie
était le plus pur de tous!...
Trompant l'épouse,
fidèle à l'ami,
de sa propre bien-aimée
qui seule lui était chère,
il s'est séparé par son glaive!... (13)
Nul n'a fait de serments
plus loyalement que lui ;
nul n'a respecté des traités (69)
plus fidèlement que lui ; ,,
nul n'a aimé ,,
plus intensément que lui : ,,
et pourtant, tous les serments,
tous les traités
et l'amour le plus fidèle,
nul ne les a trahis comme lui!... (83)
Savez-vous comment tout cela fut possible ?... (47)

(Levant les yeux vers le ciel.)

O vous, gardiens (29)
éternels des serments!... ,,
Abaissez vos regards
sur l'épanouissement de ma souffrance,

(47) (50) erschaut eure ewige Schuld!
Meine Klage hör,
(46) (50) du hehrster Gott!
Durch seine tapferste Tat,
dir so tauglich erwünscht,
weihtest du den,
der sie gewirkt,
dem Fluche, dem du verfielest :
mich musste
der Reinste verraten,
(46) dass wissend würde ein Weib!
” Weiss ich nun, was dir frommt ?
Alles, Alles,
Alles weiss ich,
Alles ward mir nun frei!
(26) Auch deine Raben
” hör' ich rauschen;
mit bang ersehnter Botschaft
(17) send' ich die beiden nun heim.
(29) (44) Ruhe, ruhe, du Gott!

(61) *(Sie winkt den Mannen, Siegfrieds Leiche auf den Schei-*
(5) *terhaufen zu tragen; zugleich zieht sie von Siegfrieds*
(25) *Finger den Ring und betrachtet ihn sinnend.)*

Mein Erbe nun
(2) nehm' ich zu eigen.
” Verfluchter Reif!
” Furchtbarer Ring!
Dein Gold fass' ich
und geb' es nun fort.
(8) Der Wassertiefe
” weise Schwestern,
” des Rheines schwimmende Töchter,
” euch dank' ich redlichen Rat.
” Was ihr begehrt,
” ich geb es euch :

contemplez votre faute éternelle!... (47) (50)
Écoute ma plainte,
dieu suprême!... (46) (50)
Par son exploit le plus vaillant
et si conforme à ton souhait,
tu l'as voué,
lui qui l'avait accompli,
à la malédiction qui pesait sur toi :
il fallait
que le plus pur me trahît,
pour qu'une femme accédât à la connaissance!... (46)
Sais-je à présent ce qui t'est profitable ?... ,,
Tout... Tout...
Je sais tout,
et tout est clair à présent pour moi!...
J'entends frémir (26)
l'aile de tes corbeaux : ,,
je les envoie tous deux vers toi,
porteurs du message désiré avec crainte... (17)
Repose, repose, ô dieu!... (29) (44)

(Elle fait signe aux vassaux de porter le cadavre de Siegfried sur le bûcher, tout en retirant du doigt du mort l'anneau qu'elle contemple pensivement.) (61) (5) (25)

Je prends à présent mon héritage (2)
en pleine propriété... ,,
Cercle maudit!...
Anneau effroyable!...
Je prends ton or
et je m'en dessaisis...
Sages sœurs (8)
des eaux profondes, ,,
filles du Rhin, ,,
je rends grâce à votre conseil loyal... ,,
Ce que vous désirez, ,,
je vous le donne : ,,

aus meiner Asche
(19) nehmt es zu eigen!
,, Das Feuer, das mich verbrennt,
rein'ge vom Fluche den Ring!
(8) Ihr in der Flut
,, löset ihn auf,
,, und lauter bewahrt
(2) das lichte Gold,
(17) das euch zum Unheil geraubt.

(27) *(Sie hat sich den Ring angesteckt und wendet sich jetzt zu dem Scheiterhaufen, auf dem Siegfrieds Leiche aus-*
(16) *gestreckt liegt. Sie entreisst einem Manne den mächtigen Feuerbrand, schwingt diesen und deutet nach dem Hintergrund.)*

(16) Fliegt heim, ihr Raben!
(53) Raunt es eurem Herren,
,, was hier am Rhein ihr gehört!
(16) An Brünnhildes Felsen
,, fahrt vorbei.
Der dort noch lodert,
(5) weiset Loge nach Walhall!
(18) Denn der Götter Ende
(5) dämmert nun auf.
So — werf' ich den Brand
(29) in Wallhalls prangende Burg.

(16) *(Sie schleudert den Brand in den Holzstoss, der sich schnell hell entzündet. Zwei Raben sind vom Felsen am Ufer aufgeflogen und verschwinden nach dem Hintergrunde zu.)*

(40) *(Brünnhilde gewahrt ihr Ross, welches zwei junge Männer hereinführen. Sie ist ihm entgegengesprungen, fasst es*
(41) *und entzäumt es schnell; dann neigt sie sich traulich zu ihm.)*

Grane, mein Ross,

prenez-le pour vous ,,
dans mes cendres!... (19)
Que le feu qui va me consumer ,,
lave l'anneau de l'anathème!...
Vous, dans le flot, (8)
dissolvez-le, ,,
et gardez sans alliage ,,
l'or lumineux (2)
qui vous a été volé pour notre perte!... (17)

(Elle s'est passé l'anneau au doigt et se dirige vers le bûcher sur lequel repose le cadavre de Siegfried. Elle (27)
arrache à un vassal une grande torche allumée et la (16)
brandit en direction du fond de la scène.)

Corbeaux, regagnez votre nid!... ,,
Rapportez à votre maître (53)
ce que vous avez entendu ici au Rhin!... ,,
Passez dans votre vol (16)
par le rocher de Brünnhilde... ,,
Guidez vers le Walhalla
Loge qui flamboie encore au roc!... (5)
Car la fin des dieux (18)
commence à poindre à présent... (5)
Ainsi, je communique l'incendie
au burg éclatant du Walhalla!... (29)

(Elle met le feu au bûcher qui s'embrase aussitôt. Des rochers du rivage, deux corbeaux ont pris leur vol, et (16)
ils disparaissent vers le fond de la scène.)
(Brünnhilde aperçoit son cheval que lui amènent deux jeunes gens. Elle s'élance vers lui, lui enlève rapidement (40)
les brides et s'appuie familièrement à son encolure.) (41)

Grane, mon coursier,

(40) sei mir gegrüsst!
Weisst du auch, mein Freund,
wohin ich dich führe?
(49) Im Feuer leuchtend,
(48) liegt dort dein Herr,
" Siegfried, mein seliger Held.
(40) (41) Dem Freunde zu folgen,
wieherst du freudig?
(41) Lockt dich zu ihm
(53) die lachende Lohe?
(49) Fühl meine Brust auch,
" wie sie entbrennt;
" helles Feuer
" das Herz mir erfasst,
ihn zu umschlingen,
umschlossen von ihm,
in mächtigster Minne
vermählt ihm zu sein!
(48) Heiajoho! Grane!
(49) Grüss deinen Herren!
(48) Siegfried! Siegfried! Sieh!
(40) Selig grüsst dich dein Weib!

(53) *(Sie hat sich auf das Ross geschwungen und sprengt mit einem Satze in den brennenden Scheiterhaufen. Sogleich steigt prasselnd der Brand hoch auf, so dass das Feuer den ganzen Raum vor der Halle erfüllt und diese selbst schon zu ergreifen scheint. Entsetzt drängen sich die Männer und Frauen nach dem äussersten Vorder-*
(8) *grunde. Als der ganze Bühnenraum nur noch von Feuer erfüllt erscheint, verlischt plötzlich der Glutschein, so dass bald bloss ein Dampfgewölk zurückbleibt, welches sich dem Hintergrunde zu verzieht und dort am Horizont sich als finstere Wolkenschicht lagert. Zugleich ist vom Ufer her der Rhein mächtig angeschwollen und hat seine Flut über die Brandstätte gewälzt. Auf den Wogen sind*

je te salue!... (40)
Sais-tu, aussi, ami,
où je te conduis ?...
Brillant dans les flammes, (49)
ton maître repose là : (48)
Siegfried, mon sublime héros!... ,,
Hennis-tu joyeusement (40) (41)
pour suivre l'ami ?...
La flamme rieuse (41)
t'attire-t-elle vers lui ?... (53)
Sens comme elle brûle (49)
également dans mon sein!... ,,
Un clair incendie ,,
se déchaîne en mon cœur, ,,
pour enlacer Siegfried
et, étreinte par lui,
être unie à lui
d'un amour souverain!...
Heïaïoho!... Grane!... (48)
Salue ton maître!... (49)
Siegfried!... Siegfried!... Vois!... (48)
Ta femme te salue avec béatitude!... (40)

(Elle saute à cheval et le lance d'un bond dans le brasier embrasé.) (53)

(L'incendie fait rage aussitôt. Le feu envahit toute l'esplanade devant le palais et semble même menacer celui-ci. Épouvantés, les assistants se précipitent vers le devant de la scène. Quand toute la scène semble en flammes, l'éclat du feu s'affaiblit tout-à-coup, et il ne reste bientôt plus qu'un nuage de fumée qui s'étend jusqu'à l'horizon. En même temps, le Rhin a débordé, et il envahit tout le site. Les trois Filles du Rhin nagent à présent là où s'élevait le bûcher. Depuis le moment où Brünnhilde avait pris l'anneau, Hagen a suivi toute la scène avec une (8) *angoisse grandissante. Et cette angoisse devient épouvante*

die drei Rheintöchter herbeigeschwommen und erscheinen jetzt über der Brandstätte. Hagen, der seit dem Vorgange mit dem Ringe Brünnhildes Benehmen mit wachsender Angst beobachtet hat, gerät beim Anblick der Rheintöchter in höchsten Schreck. Er wirft hastig Speer, Schild und Helm von sich und stürzt wie wahnsinnig sich in die Flut.)

HAGEN

(17) Zurück vom Ring!

(Woglinde und Wellgunde umschlingen mit ihren Armen
seinen Nacken und ziehen ihn so, zurückschwimmend,
mit sich in die Tiefe. Flosshilde, den anderen voran dem
(8) *Hintergrunde zuschwimmend, hält jubelnd den gewon-*
nenen Ring in die Höhe. Durch die Wolkenschicht,
(29) *welche sich am Horizont gelagert, bricht ein rötlicher*
Glutschein mit wachsender Helligkeit aus. Von dieser
(49) *Helligkeit beleuchtet, sieht man die drei Rheintöchter*
auf den ruhigeren Wellen des allmählich wieder in sein
(61) *Bett zurückgetretenen Rheines, lustig mit dem Ringe*
spielend, im Reigen schwimmen. Aus den Trümmern der
(48) *zusammengestürzten Halle sehen die Männer und*
Frauen in höchster Ergiffenheit dem wachsenden Feuer-
(5) *schein am Himmel zu. Als dieser endlich in lichtester*
Helligkeit leuchtet, erblickt man darin den Saal Walhalls,
in welchem die Götter und Helden, ganz nach der Schil-
derung Waltrautes im ersten Aufzuge, versammelt
sitzen. Helle Flammen scheinen in dem Saal der Götter
aufzuschlagen. Als die Götter von den Flammen gänzlich
verhüllt sind, fällt der Vorhang.)

à la vue des Filles du Rhin. Il se débarrasse précipitamment de sa lance, de son bouclier et de son casque, et, comme insensé, se rue dans les flots.)

HAGEN

Laissez l'anneau!... (17)

(Woglinde et Wellgunde le saisissent par le cou et l'entraînent au fond du fleuve. Flosshilde, précédant ses sœurs et s'éloignant en nageant, brandit joyeusement l'anneau reconquis. Le nuage de fumée accumulé à l'horizon se colore d'un reflet pourpre dont l'éclat devient de plus en plus vif. A cette clarté, on voit les trois Filles du
Rhin, dans les flots qui s'apaisent graduellement, (8)
nager allégrement en jouant avec l'anneau. Dans les
ruines du palais qui s'est écroulé, les assistants (29)
contemplent avec une profonde émotion l'incendie qui se (49)
propage dans le ciel. Quand cette clarté a atteint son point culminant, on discerne le burg du Walhalla où
siègent les dieux et les héros, tels que Waltraute les a (61)
décrits au premier acte. De hautes flammes semblent faire (48)
irruption dans le lieu du séjour des dieux. Le rideau tombe sur cette vision des dieux environnés de toute
part par les flammes.) (5)

RÉPERTOIRE DES LEITMOTIVS

Pour l'illustration musicale des 52 premiers leitmotivs de ce répertoire, le lecteur se reportera à L'Or du Rhin, *à* La Walkyrie *et à* Siegfried, *collection GF-Flammarion.*

WALKÜRENRUF-MOTIV	41	CRI D'APPEL DES WALKYRIES
UNMUT-MOTIV	43	COURROUX DE WOTAN
GÖTTERNOT-MOTIV	44	DÉTRESSE DES DIEUX
SCHICKSALSKUNDE-MOTIV	46	SORT
TODESMOTIV	47	MORT
SIEGFRIED-MOTIV	48	SIEGFRIED, GARDIEN DE L'ÉPÉE
LIEBESERLÖSUNGSMOTIV	49	RÉDEMPTION PAR L'AMOUR
WÄLSUNGENLIEBE-MOTIV	50	ANNONCE D'UNE NOUVELLE VIE
SCHLAF-MOTIV	51	SOMMEIL ÉTERNEL
SCHLUMMER-MOTIV	52	SOMMEIL DE BRÜNNHILDE
FEUERZAUBER-MOTIV	53	CHARME DES FLAMMES
SCHEIDEGRUSS-MOTIV	54	CHANT D'ADIEU
SIEGFRIEDS HORN-MOTIV	55	APPELS DU FILS DES BOIS
ERZIEHUNG-MOTIV	57	COMPLAINTE DE L'ÉDUCATION
WANDERLUST-MOTIV	59	DÉSIR DE VOYAGER
GÖTTERMACHT-MOTIV	61	PUISSANCE DIVINE
FAFNER-MOTIV	64	FAFNER
WALDWEBEN-MOTIV	65	MURMURES DE LA FORÊT
WALDVOGEL-MOTIV	66	CHANT DE L'OISEAU
WELTERBSCHAFT-MOTIV	67	HÉRITAGE DU MONDE
WELTBEGRÜSSUNG-MOTIV	68	SALUT AU MONDE
LIEBESGRUSS-MOTIV	69	SALUT A L'AMOUR
LIEBESENTZÜCKUNGSMOTIV	70	ENTHOUSIASME DE L'AMOUR
WELTENHORT-MOTIV	71	SIEGFRIED TRÉSOR DU MONDE
LIEBESENTSCHLUSS-MOTIV	72	DÉCISION D'AIMER
SCHICKSALSWEBEN-MOTIV	73	TRAME DES DESTINÉES
HELDENTHEMA-MOTIV	74	THÈME HÉROÏQUE
BRÜNNHILDE-MOTIV	75	BRÜNNHILDE
HELDENLIEBE-MOTIV	76	AMOUR HÉROÏQUE
HAGEN-MOTIV	77	HAGEN
GIBICHUNGEN-MOTIV	78	GIBICHUNGEN
GUTRUNE-MOTIV	79	BIENVENUE DE GUTRUNE
VERLOCKUNGSMOTIV	80	AMITIÉ PERFIDE DE HAGEN
ZAUBERTRUG-MOTIV	81	TRAHISON PAR LA MAGIE
SÜHNE-MOTIV	82	JUSTICE DE L'EXPIATION
TREUESCHWUR-MOTIV	83	SERMENT DE FIDÉLITÉ
MORD-MOTIV	84	MEURTRE
HOCHZEITSRUF-MOTIV	85	APPEL AU MARIAGE
RACHEBUND-MOTIV	86	COMPLOT DE VENGEANCE

73

SCHICKSALSWEBEN-MOTIV

TRAME DES DESTINÉES

74

HELDENTHEMA-MOTIV

THÈME HÉROÏQUE

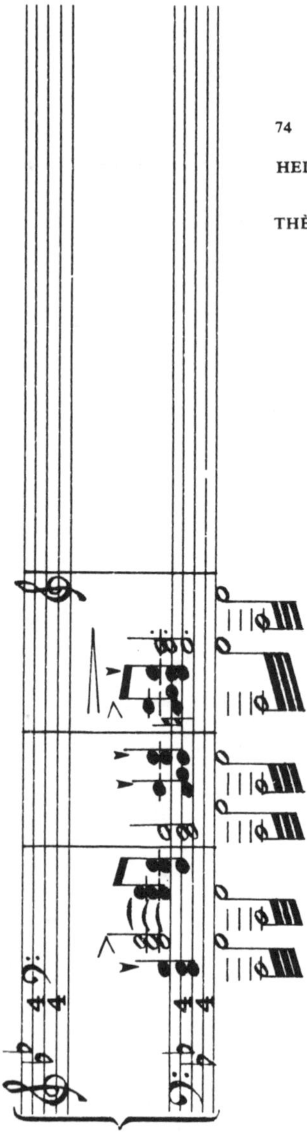

75

BRÜNNHILDE-MOTIV

BRÜNNHILDE

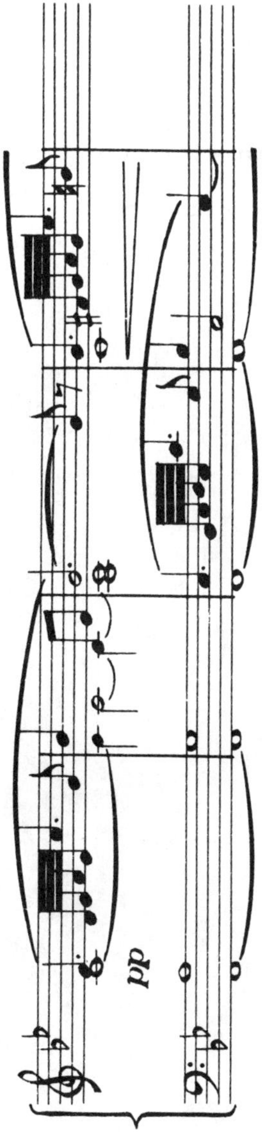

76

HELDENLIEBE-MOTIV

AMOUR HÉROÏQUE

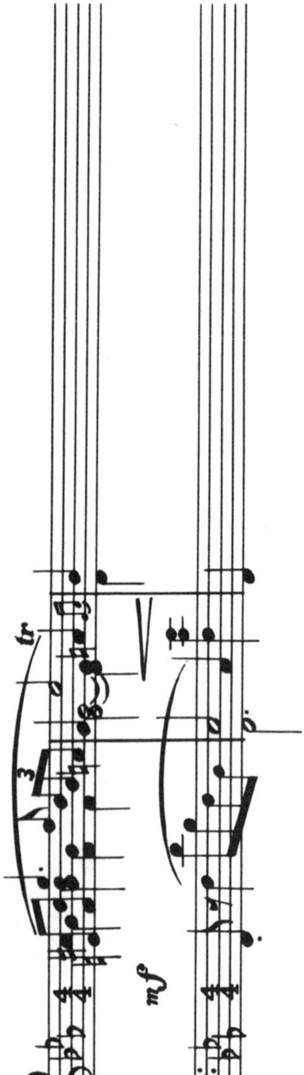

77

HAGEN-MOTIV

HAGEN

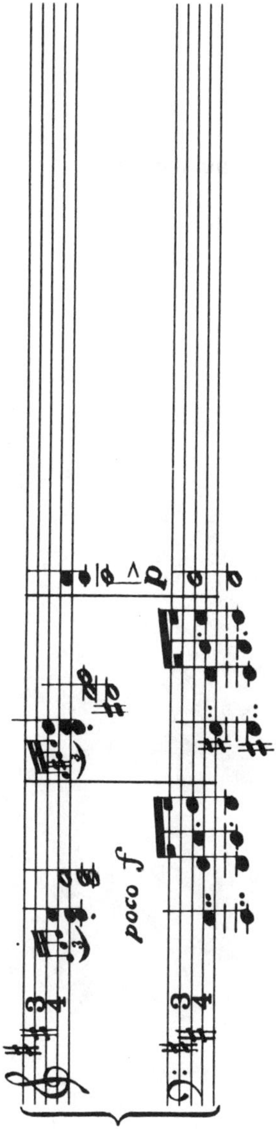

78

GIBICHUNGEN-MOTIV

GIBICHUNGEN

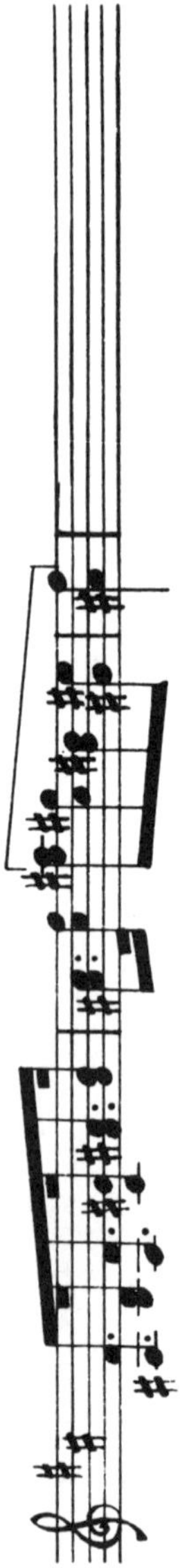

79

GUTRUNE-MOTIV

BIENVENUE DE GUTRUNE

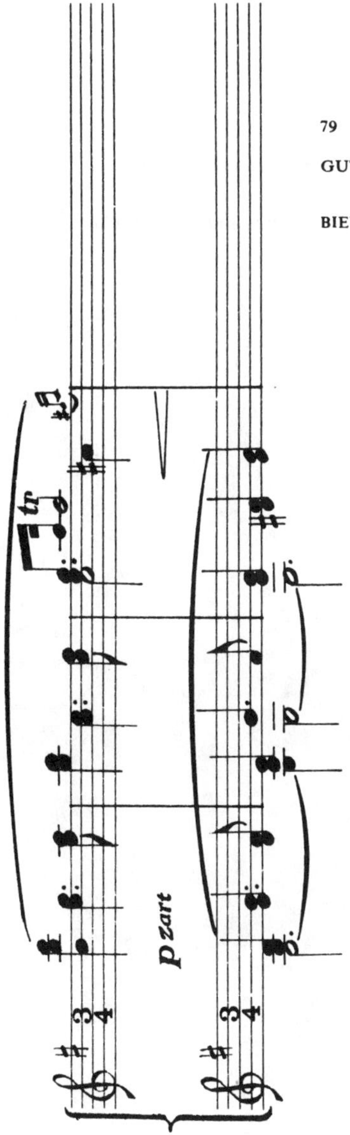

80

VERLOCKUNGS-MOTIV

AMITIÉ PERFIDE DE HAGEN

81

ZAUBERTRUG-MOTIV

TRAHISON PAR LA MAGIE

82

SÜHNE-MOTIV

JUSTICE DE L'EXPIATION

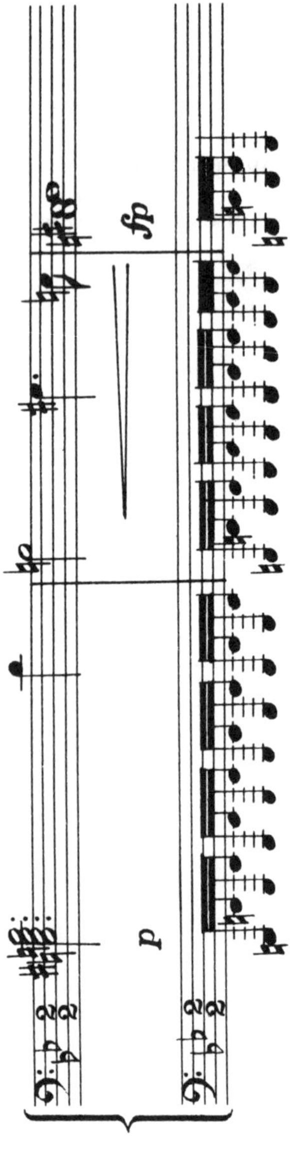

83

TREUESCHWUR-MOTIV

SERMENT DE FIDÉLITÉ

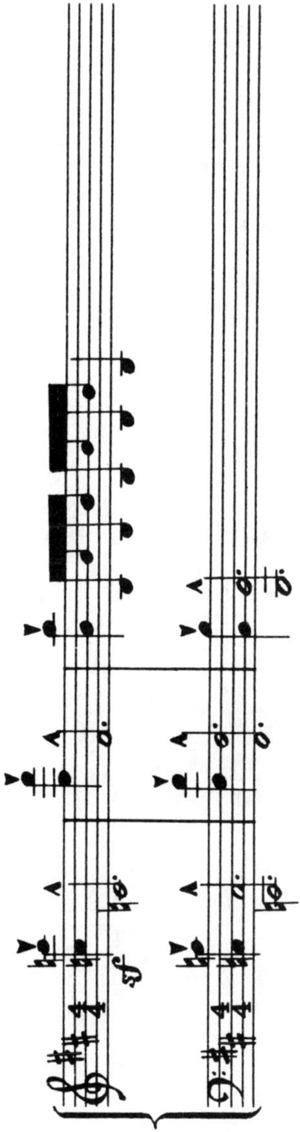

84

MORD-MOTIV

MEURTRE

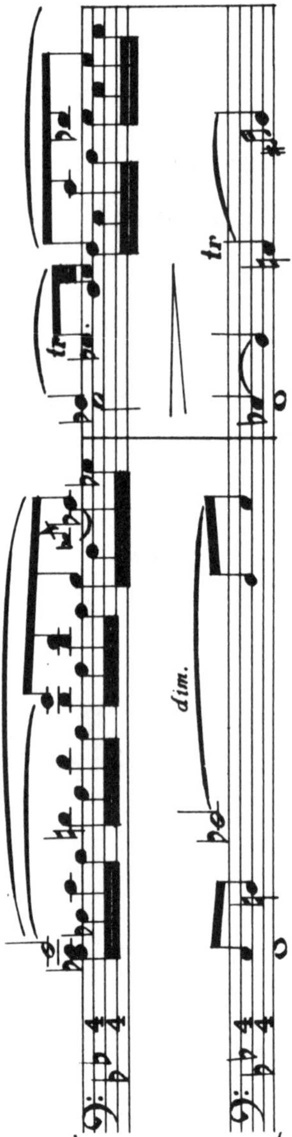

85

HOCHZEITSRUF-MOTIV

APPEL AU MARIAGE

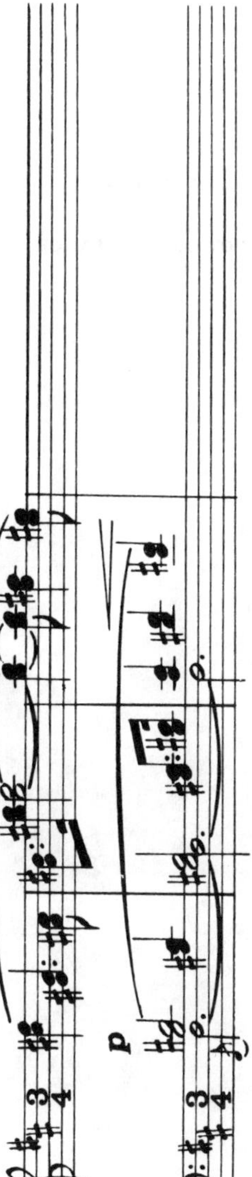

86

RACHEBUND-MOTIV

COMPLOT DE VENGEANCE

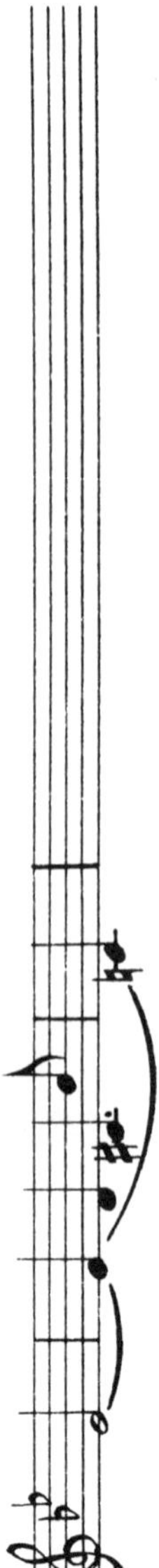

DISCOGRAPHIE SOMMAIRE *

1950. M. Lorenz (Siegfried), L. Weber (Hagen), J. Herrmann (Gunther), A. Pernerstorfer (Alberich), K. Flagstad (Brünnhilde), H. Konetzni (Gutrune), E. Höngen (Waltraute), M. Weth-Falke (1re Norne), M. Kenney (2e Norne), H. Konetzni (3e Norne), M. Gabory (Woglinde), M. Kenney (Wellgunde), S. Wagner (Flosshilde).

Scala de Milan, dir. W. Furtwängler, Virtuoso Wotre (enregistrement public).

Version appartenant à un Ring *intégral.*

1952. M. Lorenz, J. Greindl, H. Uhde, G. Neidlinger, A. Varnay, M. Mödl, R. Siewert, R. Siewert, M. Bugarinovic, M. Mödl, E. Zimmerman, H. Ludwig, H. Töpper.

Chœurs et orchestre du festival de Bayreuth, dir. J. Keilberth, Paragon (enregistrement public).

Version appartenant à un Ring *intégral.*

1953 (juillet). W. Windgassen, J. Greindl, H. Uhde, G. Neidlinger, M. Mödl, N. Hinsch-Gröndahl, I. Malaniuk, M. von Ilosvay, I. Malaniuk, R. Resnik, E. Zimmerman, H. Plümacher, G. Litz.

Chœurs et orchestre du festival de Bayreuth, dir. J. Keilberth, Melodram (enregistrement public).

Version appartenant à un Ring *intégral.*

1953 (août). R. Vinay, J. Greindl, H. Uhde, G. Neidlinger, A. Varnay, N. Hinsch-Gröndahl, I. Malaniuk, M. von Ilosvay, I. Malaniuk, R. Resnik, E. Zimmerman, H. Plümacher, G. Litz.

Chœurs et orchestre du festival de Bayreuth, dir. C. Krauss, Laudis/Rodolphe (enregistrement public).

Version appartenant à un Ring *intégral.*

1953 (octobre). L. Suthaus, J. Greindl, A. Poell, A. Per-

* Nous ne mentionnons ici que les versions intégrales du *Crépuscule des dieux.*

nerstorfer, M. Mödl, S. Jurinac, M. Klose, M. Klose, H. Rössl-Majdan, S. Jurinac, S. Jurinac, M. Gabory, H. Rössl-Majdan.

RAI de Rome, dir. W. Furtwängler, EMI (enregistrement public).

Version appartenant à un Ring *intégral.*

1955. B. Aldenhoff, G. Frick, H. Uhde, O. Kraus, B. Nilsson, L. Rysanek, I. Malaniuk, I. Barth, H. Töpper, M. Schech, G. Sommerschuch, E. Lindermeier, R. Michaelis.

Chœurs et orchestre du festival de Bayreuth, dir. Knappertsbusch, Melodram.

1956. S. Svanholm, E. Nordsjö, W. Johnsen, P. Grönnenberg, K. Flagstad, I. Bjoner, E. Gustavson, E. Gustavson, K.M. Flagstad, I. Bjoner, U. Bugge-Hanssen, K.M. Flagstad, B. Asserson.

Chœurs de la radio norvégienne, orchestre philharmonique d'Oslo, dir. O. Fjeldstad, Decca (enregistrement public).

1956. W. Windgassen, J. Greindl, H. Uhde, G. Neidlinger, A. Varnay, G. Brouwenstijn, J. Madeira, J. Madeira, M. von Ilosvay, A. Varnay, L. Wissmann, P. Lenchner, M. von Ilosvay.

Chœurs et orchestre du festival de Bayreuth, dir. H. Knappertsbusch, Melodram (enregistrement public).

1957. W. Windgassen, J. Greindl, H. Uhde, G. Neidlinger, A. Varnay, E. Grümmer, M. von Ilosvay, M. von Ilosvay, E. Schärtel, B. Nilsson, D. Siebert, P. Lenchner, E. Schärtel.

Chœurs et orchestre du festival de Bayreuth, dir. H. Knappertsbusch, Music & Arts (enregistrement public).

Version appartenant à un Ring *intégral.*

1958. W. Windgassen, J. Greindl, O. Wiener, F. Andersson, A. Varnay, E. Grümmer, J. Madeira, J. Madeira, U. Boese, R. Gorr, D. Siebert, C. Hellmann, U. Boese.

Chœurs et orchestre du festival de Bayreuth, dir. H. Knappertsbusch, Hunt (enregistrement public).

Version appartenant à un Ring *intégral.*

1960. H. Hopf, G. Frick, T. Stewart, O. Kraus, B. Nilsson, I. Bjoner, G. Hoffmann, R. Siewert, G. Hoffmann, A. Nordmo-Lövberg, D. Siebert, C. Hellmann, S. Cervena.

Chœurs et orchestre du festival de Bayreuth, dir. R. Kempe, Melodram (enregistrement public).

Version appartenant à un Ring *intégral.*

1964. W. Windgassen, G. Frick, D. Fischer-Dieskau, G. Neidlinger, B. Nilsson, C. Watson, C. Ludwig, H. Watts, G. Hoffmann, A. Välkki, L. Popp, G. Jones, M. Guy.

Chœurs du Staatsoper de Vienne, orchestre philharmonique de Vienne, dir. G. Solti, Decca (studio).
Version appartenant à un Ring *intégral.*

1967. W. Windgassen, J. Greindl, T. Stewart, G. Neidlinger, B. Nilsson, L. Dvorakova, M. Mödl, M. Hoeffgen, A. Burmeister, A. Silja, D. Siebert, H. Dernesch, S. Wagner.
Chœurs et orchestre du festival de Bayreuth, dir. K. Böhm, Philips (enregistrement public).
Version appartenant à un Ring *intégral.*

1970. H. Brilioth, K. Ridderbusch, T. Stewart, Z. Kelemen, H. Dernesch, G. Janowitz, C. Ludwig, L. Chookasian, C. Ludwig, C. Ligendza, L. Rebmann, E. Moser, A. Reynolds.
Chœurs de l'Opéra de Berlin, Philharmonie de Berlin, dir. H. von Karajan, DG (studio).
Version appartenant à un Ring *intégral.*

1970 (mars). J. Thomas, K. Ridderbusch, T. Stewart, Z. Kelemen, H. Dernesch, G. Janowitz, C. Ludwig, L. Chookasian, C. Ludwig, C. Ligendza, L. Rebmann, E. Moser, A. Reynolds.
Chœurs de l'Opéra de Berlin, Philharmonie de Berlin, dir. H. von Karajan, Memories (enregistrement public).
Version appartenant à un Ring *intégral.*

1971. G. McKee, O. von Rohr, R. Knoll, R. Kühne, N. Kniplova, D. Sommer, R. Hesse, I. Goeritz, M. Kobeck, S. Ericsdotter, B. Jasper, L. Becker-Egner, E. Schubert.
Süddeutsche Philharmonia, dir. H. Swarowsky, Westminster (enregistrement public).
Version appartenant à un Ring *intégral.*

1977. A. Remedios, A. Haugland, N. Weslby, D. Hammond-Stroud, R. Hunter, M. Curphey, K. Pring, A. Collins, G. Knight, A. Evans, V. Masterson, S. Squires, H. Attfield.
English National Opera, dir. R. Goodall, EMI (enregistrement public).
Version appartenant à un Ring *intégral.*

1979. M. Jung, F. Hübner, F. Mazura, H. Becht, G. Jones, J. Altmeyer, G. Killebrew, O. Wenkel, G. Schnaut, K. Clarke, N. Sharp, I. Gramatzki, M. Schimi.
Chœurs et orchestre du festival de Bayreuth, dir. P. Boulez, Philips (enregistrement public).
Version appartenant à un Ring *intégral.*

1982. R. Kollo, M. Salminen, H. Günther Nöcker, S. Nimsgern, J. Altmeyer, N. Scharp, O. Wenkel, A. Gjevang, D. Evangelatos, R. Falcon, L. Popp, U. Priew, H. Schwarz.

Radio Leipzig/Staatsoper Dresde. Staatskapelle Dresde, dir. M. Janowski, Eurodisc (studio).
Version appartenant à un Ring *intégral.*

1989. R. Goldberg, M. Salminen, B. Weikl, E. Wlaschiha, H. Behrens, C. Studer, H. Schwarz, H. Dernesch, T. Troyanos, A. Gruber, H. K. Hong, D. Kesling, M. Parsons.
Met., dir. J. Levine, DG (studio).
Version appartenant à un Ring *intégral.*

1991. S. Jerusalem, J. Tomlinson, T. Hampson, T. Adam, E. Marton, E. M. Bundschuh, M. Lipovsek, J. Van Nes, A.S. von Otter, J. Eaglen, J. Kaufmann, S. Herman, C. Hagen.
Bayerischer Rundfunk, dir. B. Haitink, EMI (studio).
Version appartenant à un Ring *intégral.*

VIDÉOGRAPHIE

1979. M. Jung (Siegfried), F. Hübner (Hagen), F. Mazura (Gunther), H. Becht (Alberich), G. Jones (Brünnhilde), J. Altmeyer (Gutrune), G. Killebrew (Waltraute), O. Wenkel (1re Norne), G. Schnaut (2e Norne), K. Clarke (3e Norne), N. Sharp (Woglinde), I. Gramatzki (Wellgunde), M. Schiml (Flosshilde).
Chœurs et orchestre du festival de Bayreuth.
Direction : P. Boulez.
Mise en scène de P. Chéreau.
Décors de R. Peduzzi.
Costumes de J. Schmidt.
Philips.

1989. S. Jerusalem, M. Salminen, A. Raffell, E. Wlaschiha, H. Behrens, H. Lisowska, C. Ludwig, G. Bean, J. Castle, A. Gruber, K. Erickson, D. Kesling, M. Parsons.
Metropolitan Opera.
Direction musicale de J. Levine.
Mise en scène de O. Schenk.
Décors de G. Schneider-Siemssen.
Costumes de R. Langenfass.
DG.

1989. R. Kollo, K. Moll, H. G. Nöcker, E. Wlaschiha, H. Behrens, L. Balslev, W. Meier, M. Lipovsek, I. Karrasch, P. Thorn, J. Kaufmann, A. M. Blasi, B. Calm.
Bayerische Staatsoper.
Direction musicale de W. Sawallisch.
Mise en scène de N. Lehnhoff.
Décors de E. Wonder.
Costumes de F. Parmeggiani.
EMI.

1992. S. Jerusalem, P. Kang, B. Brikmann, G. von Kannen, A. Evans, E. M. Bundschuh, W. Meier, B. Svendén, L. Finnie, U. Priew, H. Leidland, A. Küttenbaum, J. Turner.

Chœurs et orchestre du festival de Bayreuth.
Direction musicale de D. Barenboïm.
Mise en scène de H. Kupfer.
Décors de H. Schavernoch.
Costumes de R. Heinrich.
Teldec.

TABLE

GF – TEXTE INTÉGRAL – GF

94/07/M4457-VIII-1994 – Impr. MAURY Eurolivres SA, 45300 Manchecourt.
N° d'édition 15339. – Septembre 1994. – Printed in France.